Ai miei genitori.

To my parents.

Progetto editoriale / *Editorial project*
Enrico Maltoni

Testi / *Texts*
Enrico Maltoni / Giuseppe Fabris

Ricerca iconografica / *Iconographic research*
Enrico Maltoni

Progettazione grafica / *Graphic project*
Menabó

Realizzazione grafica / *Graphics*
Leonardo Baffari

Coordinamento editoriale / *Editorial coordination*
Andrea Laghi

Fotografie / *Photographs*
Enrico Filippi, Margherita Cecchini, Fabrizio Esposito

Traduzioni / *Translation*
Alessandro Gregori

Stampa / *Publishing*
Grafiche Zanini - Bologna

2ª Edizione - 2004
2nd Edition - 2004

Via Guglielmo Oberdan, 13
47034 Forlimpopoli (Forlì)
Italia
Fax +39.0543.743958
e-mail: info@espressomadeinitaly.com
www.espressomadeinitaly.com

Tutti i diritti riservati / *All rights reserved.*

Nessuna parte di questo libro può essere riprodotta o trasmessa in qualsiasi forma o con qualsiasi mezzo elettronico senza l'autorizzazione scritta dei proprietari dei diritti e dell'editore.

All parts of this book are protected by copyright and any reproduction or copy is forbidden in any form or electronic publishing upon the written authorization of the owners of the rights and of the editor.

enrico **maltoni** giuseppe **fabris**

espresso made in italy **1901 1962**

COLLEZIONE ENRICO MALTONI

4

1
Immagine pubblicitaria della macchina per caffè The Turin Express (1910).

Advertising of Turin Express machine (1910).

sommario / *contents* 5

introduzione
introduction **9**

nascita e sviluppo della macchina per caffè espresso in italia
origin and development of italian espresso coffee machines **13**

repertorio delle macchine espresso italiane (1901 - 1962)
repertoire of Italian espresso machines (1901 - 1962) **23**

bibliografia
bibliography **155**

indice dei nomi
index **157**

Gio Ponti pensava così:

"Guai alla macchina che confessa la fatica del proprio lavoro; anche nelle macchine, come negli uomini, noi apprezziamo la ermeticità dell'organismo, la abilità del lavoro, l'eleganza dello sforzo".

1933 "La casa all'italiana",
Editoriale Domus, Milano

"ne La Pavoni ...eliminati o racchiusi tutti i congegni sporgenti ed intricati della vecchia macchina, ridurre l'apparecchio a tre grandi, semplici e lindi elementi - carter, corpo centrale, becchi - che abbiano la semplicità perfetta che hanno raggiunto, nelle loro forme, certi strumenti musicali a fiato".

1948, Domus 228, p. 50
Lisa Ponti, 2001

"Il termine design vuol dire semplicemente progetto, e in questo senso è sempre esistito, anche se è diventato di moda solo negli ultimi anni. Vorrei far capire che l'importanza non sta tanto in chi ha realizzato un determinato oggetto, ma nell'uso pratico che si può fare di esso. Io ad esempio insisto sempre sul fatto che le mie creazioni in realtà sono qualcosa di già esistente: l'essenziale è che possano diventare oggetti di uso comune, accessibili a tutti.
Il mio tipo di formazione culturale è infatti legato alla progettazione razionalista, legata a una base di forma-funzione. Il punto di partenza è, insomma, la funzionalità di un oggetto.

Achille Castiglioni
(Da un'intervista ad Achille Castiglioni, in "Il corriere d'informazione", 28 febbraio 1980)

These were Gio Ponti's thoughts:

"Disdain for the machine showing the effort of its work; in machines, as well as in men, we should appreciate the hermetic nature of the body, the ability in work, the elegance in doing it."

1933, from "La casa all'italiana",
Editoriale Domus, Milano

"in La Pavoni… once all the projecting and tangled devices of the old machine have been eliminated or contained, it is necessary to reduce the apparatus to three main simple and distinct elements – carter, body, arms –, which must have the perfect simplicity achieved, in their forms, by some wind instruments."

1948, Domus 228, pag.50
Lisa Ponti, 2001

"The word 'design' just means a project, and in this sense it has always existed, even though it has become fashionable only in recent years. What I would like to explain is that the practical usage of a certain object is much more important than the person who has created it. For instance, I often insists on saying that my creations are actually something already existing: what is essential is that they can become object for everyday use and accessible to everyone.
The nature of my education is as a matter of fact rationalistic and based upon the relation form-function. The key principle is therefore the functionality of an object.

Achille Castiglioni
(From an interview to Achille Castiglioni,
in "Il corriere d'informazione", 28th February 1980)

introduzione

L'interesse sempre crescente verso la cultura del progetto industriale testimonia quanto i prodotti realizzati in serie siano fonte di riferimento e di studio, non solo da parte di chi graviti nel settore del design. Nel campo delle macchine da caffè, sicuramente meno esplorato di altri, ma di enorme interesse per ciò che attiene sia ai cambiamenti evolutivi degli apparecchi stessi, sia alle usanze dei consumatori, risultava necessaria la stesura di una storia che, nel tentativo di essere esaustiva della situazione produttiva italiana, dagli inizi del Novecento fino ai primi anni Sessanta, ne tracciasse un percorso.

Questo per rendere chiare ed evidenti le tappe significative, rimarcare cioè quei modelli che hanno influenzato la produzione e determinato i più sostanziali cambiamenti estetico-formali e funzionali. Il fascino e l'eleganza dei primi modelli, vere e proprie sculture metalliche in rame ed ottone con applicazioni decorative di varie fogge, attraggono ancora oggi per questa forte carica evocativa legata ad un mondo passato sempre più osservato ed apprezzato.

L'evoluzione tecnica offerta da geniali soluzioni atte a semplificare e migliorare la preparazione del caffè inte-

introduction

The increasing interest in the culture of industrial design is testimony to what extent mass production may become the point of reference and the subject for a future study, not only restricted to experts. The industry of Italian espresso machines, which is probably less known and explored than others, is enormously interesting particularly if the evolutionary changes of machines and the habits of coffee consumers are concerned. Hence the necessity of a history of the Italian coffee machine production, in the attempt of providing for an exhaustive chronological path from the early twentieth century to the early '60s. The intention is to present and underline the most significant stages of the industrial evolution, by focusing our attention on those models which have exercised some sort of influence over the mass production and which have determined the most substantial aesthetic and functional changes.

The elegance and stylish forms of the first models, which were real metallic sculptures in copper and brass with decorations of various patterns, still enchant and fascinate today for their evocative power to call forth the old times and old-fashioned customs, which are now more and more studied and appreciated by collectors and experts. The technical evolution has been possible thanks to ingenious solutions designed to simplify and

ressa per una lettura ragionata sui cambiamenti formali dei modelli, influenzati considerevolmente anche da condizionamenti estetici correlati alla moda, allo "stile" del momento e all'impiego di specifici materiali.

L'attenzione verso una razionale costruzione in serie delle macchine offre altre chiavi di lettura, e spiega gli orientamenti presi dall'industria sempre più interessata al design dei prodotti.

A partire dalla fine degli anni Quaranta e durante gli anni Cinquanta, infatti, con l'istituzione dell'Associazione per il Disegno Industriale (ADI), la creazione del premio "Il Compasso d'oro", la nascita di numerose aziende destinate a divenire dei capisaldi nella storia del design italiano come Arflex o Tecno, le Triennali di Milano con mostre specifiche sul disegno del prodotto industriale, la fondazione della rivista "Stile e industria", la produzione ha iniziato con maggiore decisione a ricorrere alle figure professionali dell'architetto e del designer. Risulta quindi interessante leggere questi cambiamenti ed analizzare il materiale relativo al settore produttivo in questione. Per questo, quindi, le parti che compongono il testo hanno differenti finalità: introdurre sinteticamente la storia del progetto per l'espresso per fornire un inquadramento generale, fornire una scientifica schedatura ricca d'im-

improve coffee preparation. A history of this evolution is therefore crucial for understanding the formal changes of machine models, substantially determined during the years by fashion aesthetic impositions the current "style" and the use of specific materials in a certain period. Moreover, the attention for the rationalistic mass manufacturing of coffee machines can offer other possible interpretations to the contemporary history of design and can explain the current direction taken by the industry, nowadays more interested in product design than in the past. As a matter of fact, since the late '40s and during the '50s the industrial production began more resolutely than in the past to look for professionals such as architects and designers. This tendency was profoundly fostered by a series of events such as the creation of the award "Il Compasso d'oro", the birth of numerous companies, destined to become the strongholds of Italian design, such as Arflex or Tecno, the three-yearly exhibitions of Milan, with specific showrooms of industrial design, and the founding of a design magazine, "Stile e Industria". It may therefore be interesting to understand these changes and analyse the relevant material available for this productive sector. As a result of these considerations, the book has been divided into different parts with different purposes: firstly, a brief introduction to the history of espresso machine design to provide for a general description of the contest; secondly, a scien-

magini tecniche e fotografiche e d'informazioni dettagliate sui singoli modelli, consentire di risalire ai nomi dei produttori, dei modelli e dei progettisti con indicazioni precise su ogni voce trattata.

tific archive, rich of technical images, photographs and details with respect to each single model; thirdly, precise indications about manufacturers, models and designers names for each of the items described.

2
Immagine tratta dalla mostra "Il Secolo Espresso", collezione Enrico Maltoni, Lingotto, Torino
Ottobre 2000

Image from the exhibition entitled "Il Secolo Espresso", Enrico Maltoni's Collection, Lingotto, October 2000.

3
Immagine tratta dalla mostra "Il Secolo Espresso", Museo della Scienza e della Teconlogia "Leonardo da Vinci", Milano
Maggio 2004

Image from the exhibition entitled "Il Secolo Espresso", Museo della Scienza e della Teconlogia "Leonardo da Vinci", Milano May 2004

espresso   made in italy

1901 1962

www.espressomadeinitaly.com
nascita e sviluppo della macchina per caffè espresso in italia
origin and development of italian espresso coffee machines
www.espressomadeinitaly.com

Rassegna per immagini di dettagli di modelli rintracciabili nelle pagine del "Repertorio".

Image review of details relating to the models reported in the chapter "Repertoire".

La storia della macchina per caffè da bar in Italia ha inizio nel novembre del 1901 col deposito del brevetto del primo modello, studiato dall'ingegnere Luigi Bezzera di Milano. Si tratta di una versione a colonna, monumentale, destinata a diventare per molto tempo un modello di riferimento obbligato da parte delle diverse case costruttrici. Anche in precedenza c'era l'usanza di consumare tale bevanda nei locali pubblici, ma ciò che distingueva una caffettiera domestica da una per bar era sostanzialmente il solo fattore dimensionale. L'idea di progettare un meccanismo a vapore per preparare caffè ha seguito quel processo di meccanizzazione che ha caratterizzato la storia del progetto industriale, a partire dall'ottocento e che ha segnato profondi cambiamenti nella produzione di serie, oltre che negli usi e costumi delle persone. Se già nella seconda metà dell'ottocento si erano pensati, progettati e rielaborati la lavatrice, la lavastoviglie, l'aspirapolvere e molto altro ancora per migliorare la qualità della vita domestica, è facile immaginare come anche nel settore della ristorazione e, nello specifico del caffè si cercasse di ottimizzare la preparazione di questa bevanda ed il suo consumo attraverso l'impiego di adeguati strumenti. In Francia, ad esempio, Eduard Loysel de la Lantais studiava un modello non solo per un consumo domestico, ma anche per locali pubblici, attraverso un sistema che consentiva la preparazione in

In Italy, the origin of coffee machine dates back to November 1901, when the patent of the first model, designed by engineer Luigi Bezzera, was registered in Milan. It was a column-shaped and imposing machine, which for a long time became a set pattern for all the other subsequent Italian manufacturers. Even before that date, the habit of drinking this beverage in public bars or cafés was well established, but what essentially used to distinguish a home coffee-pot from that used in a bar was only its size.

The idea of realizing a steam-mechanism sprang up simultaneously to the beginning of the process of mechanization, which had characterized industrial design since the nineteenth-century and which had profoundly marked mass-production, as well as the habits and practices of so many people. As in the second half of the nineteenth-century, household appliances such as washing-machines, vacuum cleaners and dishwashing machines had already been designed and realized to improve the quality of domestic life, it is easy to think that even in the catering industry and, particularly, in the coffee distribution sector, there was the desire of optimising the preparation and consumption of this beverage by using the most appropriate and modern technology. In France, for example, Eduard Loysel de la Lantais had studied a model not only suitable for household use, but also for public places of refreshment and catering. With his device, it

poco tempo di numerose tazze di bevanda. Si trattava in ogni caso di apparecchiature colossali e costruite in pochi esemplari, ancora lontane da quei modelli che avrebbero reso la produzione italiana del settore famosa in tutto il mondo. In effetti, il primo modello studiato in Italia, commercializzato poco tempo dopo il deposito del brevetto, ha costituito un grande cambiamento. L'ingegnere Bezzera ha inventato il meccanismo ma ha anche indirizzato verso la "carrozzeria" del modello cosiddetto a colonna, realizzato in rame e in ottone e con forma cilindrica. Il mero lato tecnico doveva convivere con un'estetica accattivante legata a ragioni di funzionalità d'uso e di arredo, trattandosi di un oggetto dall'incombente presenza, catalizzatore dell'interesse degli avventori. Per ragioni funzionali, avendo la caldaia uno sviluppo verticale, è evidente che la forma a colonna risultasse la soluzione più logica alla costruzione della carrozzeria della macchina espresso e l'eleganza del volume così realizzato, arricchito da materiali lucenti e decorazioni di rilievo ha fatto sì che emergesse sui banconi dei bar, imponendosi.

Dopo l'esperienza iniziale di Bezzera e l'avvento quasi immediato di Pavoni, sulla scia di questa invenzione a dir poco epocale, sorgono altre aziende destinate ad ottenere negli anni ampi consensi anche grazie a soluzioni tecniche tali da garantire un'ottimizzazione della preparazione della

was possible to prepare in a short time several coffee cups. Yet the dimensions of these primitive machines were huge and few examples were manufactured. Generally, these prototypical devices were still too far away from those models which in the future would make the Italian production famous all over the world.

The first marketed Italian model, after its patent being registered, represented an important change in the industry evolution. Engineer Bezzera had not only created a functioning mechanism, but had also marked future production by introducing the so-called "column-shaped body" of coffee machines, made of copper and brass and with a cylindrical form. According to the "philosophy" of this model, the mere technical aspect had to be accompanied by a splendid exterior design, in connection with its functional and decorative purposes, as the machine had an imposing presence in the room and might function as a catalyst to new potential customers. As its steam boiler was vertical, it is obvious that for functional purposes the column-shaped body was considered as the most logical and appropriate solution for the construction of the machine body. At the same time, the elegance of the resulting mass volume, decorated with shining materials and relief motifs, made the machine stand out of the counter by imposing its presence in the room of the bar or café.

bevanda. Tra i primi ad avviare questo fenomeno bisogna citare la Victoria Arduino fondata dal torinese Pier Teresio Arduino, artefice di alcuni perfezionamenti tecnici e, soprattutto, di un'invidiabile organizzazione commerciale che ha capillarmente diffuso le macchine nei caffè di tutto il mondo. Da un punto di vista meramente formale non possiamo tuttavia parlare di una vera e propria evoluzione, nel senso che il modello a colonna perdurerà, pur con piccole variazioni, per quasi cinquant'anni. Ciò che è importante mettere in risalto è l'eleganza di tali apparecchi soprattutto tenuto conto che la loro destinazione finale era comunque in ambienti pubblici di un certo decoro. Per questo, a partire dai primissimi modelli che risentono in certa misura delle influenze Art Nouveau che pure giungono "alleggerite" in Italia dai paesi d'oltralpe dove hanno riscosso ampi consensi, si passa nel corso degli anni a forme "Déco" per seguire quell'evoluzione stilistica che ha progressivamente influenzato ogni settore creativo. Quindi la colonna si arricchisce prima di elementi floreali nelle decorazioni, di smalti e bronzi opere di sapienti artigiani per passare ad elementi più geometrici, stilizzati, al passo coi cambiamenti del gusto. Il periodo autarchico ha dato il suo contributo fornendo spunti agli ideatori che coniugavano elementi razionalisti (senza peraltro mai eccedere) a decori del codificato ambito progettuale fascista.

After the opening phase of Bezzera and the subsequent works by La Pavoni, following this extremely important innovative trend, new companies arose in the industry. During the course of the years the products of these new companies were received and approved by a large public, thanks to the adoption of technical solutions which granted the optimisation of coffee preparation. Among the first companies, Victoria Arduino should be mentioned. The brand was founded in Turin by Pier Teresio Arduino, who was responsible for the introduction of some technical improvements and, above all, for having built up an excellent and vast marketing organization which permitted to his company to distribute its coffee machines in almost all the cafés of the world.
However, from a merely formal point of view, up to that time a real evolution had not occurred yet. As matter of fact, the production of the column-shaped model had continued, even with some irrelevant variations, for almost fifty years. With respect to those models, the most important aspect to underline is its elegant design, which had to respond to the requirements of their final destination, mainly sumptuous public places of catering. The very first models showed the feeble traces of Art Nouveau patterns, which were imported into Italy from countries of central and northern Europe, where this form of art had obtained a vast consent. During the course of the years, the exterior design moved gradually

Trascurando l'estetica di tali modelli, pur con le dovute migliorie del caso, la preparazione del caffè utilizzando questi macchinari a vapore non garantiva sempre ottimi risultati poiché spesso risultava troppo amaro. Alla fine degli anni quaranta si risolverà il problema con un cambiamento importante: il funzionamento a vapore verrà sostituito dal funzionamento a pistone. L'invenzione è fondamentale perché i nuovi modelli funzionano con esclusione totale di vapore e preparano un infuso unicamente di polvere di caffè e di acqua bollente, permettendo di ottenere una vera e propria "crema caffè", più aromatica, più sostanziosa e più densa dei normali espresso. Si tratta, in pratica, pur con le differenze del caso, di una sorta di napoletana "meccanizzata", ben lontana, per qualità di bevanda, dai primi modelli con funzionamentro a vapore. Tra i modelli più conosciuti che utilizzano tale sistema, la Gaggia modello Classica 1948. Sulla scia di queste innovazioni tecniche e stilistiche nascono e si sviluppano molte case produttrici meno conosciute, ma non per questo meno interessanti delle più famose Bezzera, La Pavoni, Victoria Arduino, La Cimbali, La San Marco, Universal, Faema e Gaggia. Sono decine e decine ed hanno prodotto modelli significativi soprattutto sotto il profilo stilistico proponendo al pubblico linee al passo con le tendenze del gusto.

Lo streamline d'importazione americana, che ha coinvolto i

towards Deco forms to follow the stylistic evolution which had progressively influenced each artistic and creative sector. Then the column-shaped body was firstly decorated with floral, enamel and bronze motifs by skilled craftsmen and later with geometric and stylised patterns, more appreciated by the new fashion. The Italian autarkic period contributed by giving the designers the cue for realising a combination of rationalistic elements (with no excess of decoration) with the artistic correctness imposed by the Fascist codified design.

Apart from the aesthetics of these models and even in consideration of the single machine improvements, the coffee preparation with these steam devices could not guarantee good results, as the coffee was often too bitter. Only at the end of the '40s, the problem was resolved, thanks to the introduction of an important technical change – the piston mechanism. The innovation was fundamental as the new models could function without steam and could prepare an infusion of just powdered coffee and boiling water. The result was a real "coffee cream", more aromatic, full-bodied and denser than the previous espresso coffee. The new machine was in practice, with some obvious differences, a sort of automatic Neapolitan coffee-maker. Among the most famous brands which used such mechanism, there was Gaggia, with its model Classica of 1948.

After these technical and stylistic innovations, numerous

settori più vari della produzione con particolari accenti in quello automobilistico ed in quello degli elettrodomestici (dal frullatore al frigorifero), ha influenzato anche il mondo della preparazione del caffè suggerendo forme sinuose ed avvolgenti, carter paragonabili a particolari d'auto o a juke-box, non in stretta connessione con specifiche necessità d'uso. In qualche modo è la spettacolarità dell'oggetto in sé ad avere la meglio sui contenuti tecnici dei prodotti e ciò è abbondantemente testimoniato dalla ricchezza di proposte offerte coi più vari effetti decorativi di sicuro impatto sul pubblico. Del resto il caffè era ed è il prodotto più richiesto nei bar e la macchina che ne permette la preparazione deve avere un aspetto conseguente.

Tra la fine degli anni Quaranta ed i primi anni Cinquanta, le necessità pratiche e le ragioni di un mutato panorama progettuale in ogni settore della produzione industriale spingono le aziende di macchine espresso ad orientarsi verso una produzione sempre più industriale, di numeri maggiori, per un pubblico sempre più vasto. Il rito quotidiano del caffè è tipico di ogni italiano (e non solo) e viene consumato da un numero sempre crescente di clienti nei bar. Le necessità di orientarsi verso le grandi serie e la voglia di cambiare e sperimentare, in un momento così fortemente creativo, dopo i pesanti anni delle seconda guerra mondiale, inducono i produttori a rivolgersi ad architetti e designer per stu-

small companies rose and developed in Italy, which are now considered as less famous, but not less important, than companies such as Bezzera, La Pavoni, Victoria Arduino, La Cimbali, La San Msrco, Universal, Faema and Gaggia. There were dozens of these small companies producing machines which were characterized by an interesting stylistic profile in accordance with the taste of the then current fashion.

The American import streamline, which involved various production sectors with particular emphasis on the motorcar industry and on the household appliances industry (e.g. the electric mixer and the refrigerator), also affected coffee preparation. Winding and curvaceous forms and carters with certain similarities with car or juke box details were imported without functional reasons. Generally, in those models, the spectacular exterior design surpassed the level of the technical functioning and mechanism. The numerous solutions offered in a wide range of decorative patterns which had a sure impact on the customers are just a proof. After all, coffee was and is still today the product most demanded in bars or cafés and thus the machine aesthetical appearance had to be inviting.

Between the late '40s and the early '50s, the actual needs and the new principles of industrial design in each sector urge espresso machine manufacturers to take a new direc-

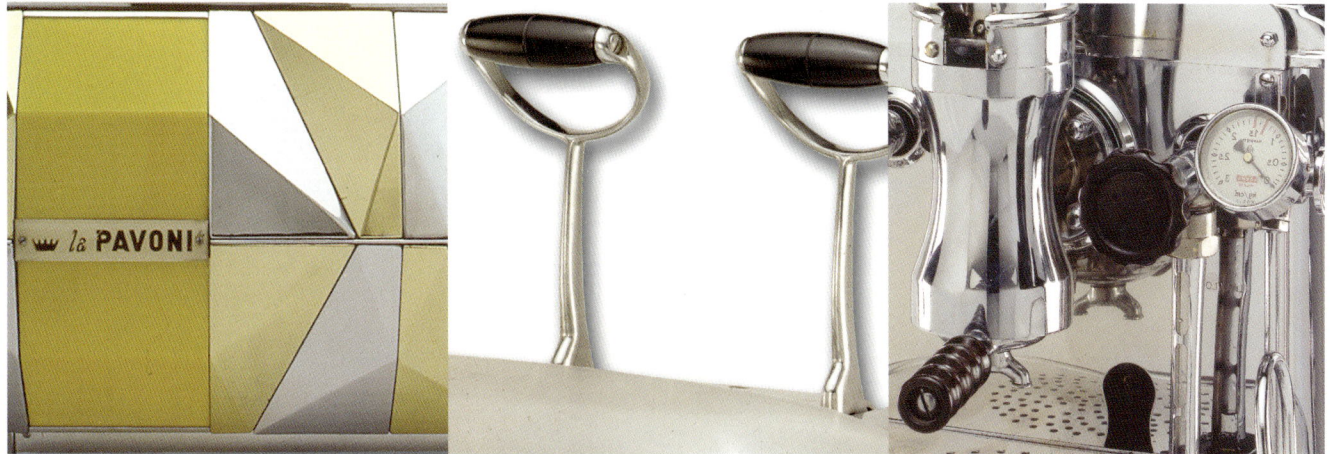

diare mirati prodotti in linea con le mutate esigenze. Il dopoguerra ha visto alcuni tra i capolavori indiscussi del design italiano dalla Vespa alla Lambretta, dalle sperimentazioni con la gommapiuma di Marco Zanuso per la Arflex, all'avvento delle materie plastiche ed alla nascita di Kartell. Anche nel settore delle macchine da caffè assistiamo, grazie all'intraprendenza della Pavoni all'ingresso di Gio Ponti, una delle figure chiave nel panorama della progettazione (dall'architettura, al design, all'arredamento) del Novecento. Proprio con Gio Ponti assistiamo ad un cambiamento fondamentale nella storia delle macchine espresso: dopo quasi cinquant'anni dalla sua nascita la macchina cambia aspetto radicalmente. Per la Pavoni si tratta della prima macchina dotata di caldaia orizzontale che va a sostituire quella a sviluppo verticale dei modelli precedenti. Con questo modello, l'architetto non si limita a disegnare un'elegante carrozzeria, ma vuole mettere chiaramente in evidenza le funzioni di ogni parte della macchina, enfatizzandone le componenti, ed avvalendosi di elementi "aerodinamici" atti ad accogliere con tali linee avvolgenti, i gruppi d'erogazione. Questo modello, autentico monumento al caffè espresso, rappresenta a tutt'oggi uno dei pezzi di più difficile reperibilità e di maggior pregio, proprio per l'epocale cambiamento estetico introdotto nel settore.
Dalla preziosa collaborazione di Gio Ponti con la Pavoni

tion towards a more quantity industrial production on a larger scale and for a wider market. For the Italians (but not only) coffee was and is a daily rite and was consumed by an ever increasing number of people in bars or cafés. After the hard post-war period, the consequent direction towards a mass production on a large scale and the strong desire for innovation and experimentation lead manufacturers to turn to architects and designers for realizing products in accordance with the new market requirements. In Italy, the years after World War II were marked by what are considered as the absolute masterpieces of Italian design, such as Vespa and Lambretta motorcycles or Marco Zanuso's experimental production with foam rubber for Arflex, by the arrival of plastics and by the birth of Kartell. Accordingly, the coffee machine industry could appreciate some changes too, thanks to La Pavoni company which started a collaboration with designer Gio Ponti, one of the key figures in the twenty-century design (in architecture, design and interior design). His contribution was fundamental for the history of espresso machine: from that moment, after almost fifty years from its origin, the coffee machine changed radically. With him, Pavoni realized the first machine with horizontal boiler which gradually substituted the previous version with vertical boiler. In this model, Gio Ponti did not limit himself to design an elegant body, but he wanted also to put into evidence the function of

sono nati altri interessanti modelli creati con l'architetto Alberto Rosselli e con l'ingegner Luigi Fornaroli, come la celebre serie Brasilia del 1961. Sempre Gio Ponti, fondatore e direttore della rivista Domus, una delle più accreditate pubblicazioni mensili di architettura già dagli anni Trenta, con l'appoggio della medesima e di Casabella, altra testata storica e di Stile e Industria, neonata rivista di industrial design diretta da Alberto Rosselli, propone, per conto della Pavoni un concorso per la realizzazione di un nuovo modello. Il progetto vincitore, un altro caposaldo nella storia di queste macchine, è il modello Concorso (più tardi definito "Diamante") di Bruno Munari ed Enzo Mari.

Questi due progettisti creano un modello in cui la carrozzeria è costituita da elementi componibili in lamierino stampato, la cui aggregabilità variabile (tema progettuale assai caro ad entrambi i designer ed origine di numerosi e fortunati progetti quali ad esempio, il sistema di apparecchi per illuminazione "Aggregato" di Enzo Mari per Artemide) consente di variare le combinazioni di colore e di usare un numero diverso degli stessi elementi a seconda delle differenti lunghezze delle macchine.

Nel 1961, dopo una serie di modelli interessanti per i quali si rimanda al capitolo "Repertorio" in cui sono elencati ed illustrati con apparati fotografici e schemi tecnici gli esempi più interessanti della produzione italiana fino al 1962,

each single part, by emphasizing its components and by giving "aerodynamic forms" to the parts which had to wrap and contain the power supply units. This machine, a real "celebration" to the Italian espresso coffee, is still nowadays one of the hardest and most valuable pieces to find for its inherent historical aesthetic value.

After the collaboration with Gio Ponti, Pavoni created other interesting models with arch. Alberto Rosselli and eng. Luigi Fornaroli, such as the well-known Brasilia range of 1961. In addition, the same Gio Ponti, also founder and director of the magazine Domus, one of the most accredited monthly publications on architecture since the '30s, founded on behalf of Pavoni an award contest to create a new model. The competition was instituted thanks to the support of his own magazine, Casabella, another established magazine, and of "Stile e Industria", the newly founded magazine on industrial design directed by Alberto Rosselli. The winning product still represents today another masterpiece in the Italian coffee machine history – the model named Concorso (later defined as "Diamante"), created by Bruno Munari and Enzo Mari. The body of this new machine was made of pressed sheet which was characterized by a variable aggregation, a design element much appreciated by both the designers and which was the origin of many other successful projects, such as the system of lighting named "Aggregato", realized by Enzo Mari

Faema lancia sul mercato la famosa E-61 che prende il suo nome dall'eclissi solare avvenuta proprio in quell'anno. La E-61 è una macchina ad "erogazione" tra le più diffuse. Con questo sistema cambia il modo di fare il caffè al bar, introducendo lo standard tuttora in uso.

Del 1962, un classico dei due fratelli Castiglioni, Achille e Piergiacomo, il modello Pitagora per La Cimbali che ha fruttato ai progettisti il massimo riconoscimento italiano ad un progetto di buon design: il Compasso d'oro. Si tratta di una tappa importante. Con l'abilità che contraddistingue tutti i progetti dei Castiglioni, questi sono riusciti a concepire un modello in cui il carter è completamente ad incastro, garantendo, conseguentemente un'ottima manutenzione ed una maggiore semplicità produttiva ed aprendo in qualche modo la strada verso un nuovo modo di concepire e realizzare le macchine da bar.

for Artemide. This element was extremely practical as it allowed to change the colour combinations and the number of these devices according to the length of the machine.

In 1961, Italian industry developed a wide range of interesting models, which are described in the chapter "Repertoire" together with photographs and technical schemes dated up to 1962. After that production, Faema launches on the market the well-known E-61, named after the solar eclipse occurred in that year. The E-61 is still nowadays one of the commonest coffee automatic distribution machines. With its mechanism coffee preparation changed completely and for the first time the standard still used today was introduced. The model Pitagora, a classical by the brothers Castiglioni, Achille and Piergiacomo, is of 1962. Thanks to this model, the designers of the manufacturing company, La Cimbali, were granted the highest Italian reward for a design project - the award "Il Compasso d'oro".

The impact of this new product was so deep that it is considered now as another important step in the history of Italian coffee machine. With the ability. The brothers Castiglioni succeeded in realizing a locked carter for coffee machines. This innovation could offer an unprecedented good level of maintenance and an easier production process. A new way of conceiving and creating bar coffee machines was introduced.

espresso made in italy

1901 1962 repertorio delle macchine espresso italiano
repertoire of Italian espresso machines

www.espressomadeinitaly.com

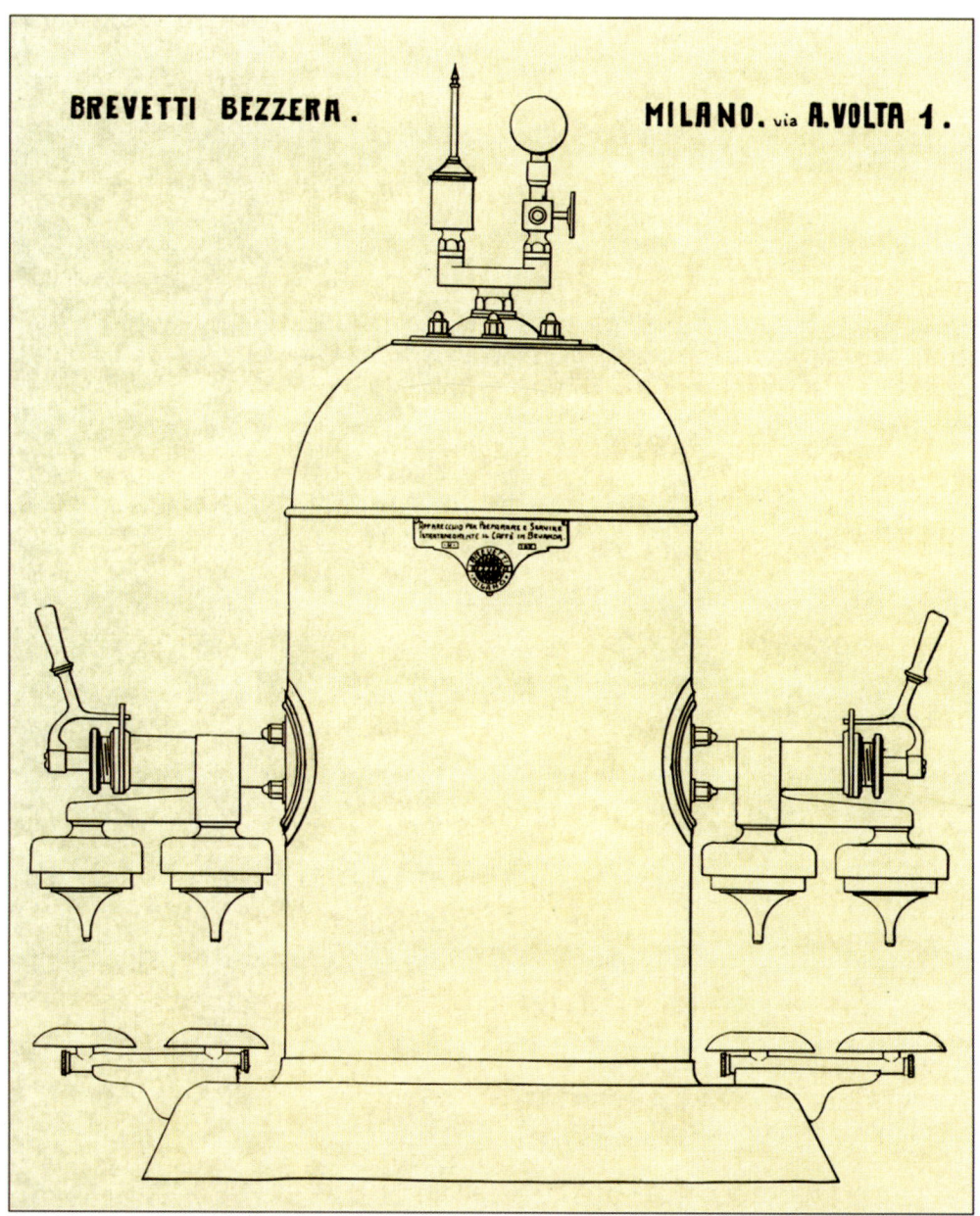

4
Brevetto Bezzera (1901).

L'azienda Bezzera di Milano viene fondata dall'ingegner Luigi Bezzera a seguito del deposito del brevetto del 19 novembre 1901. La macchina brevettata viene chiamata "Tipo gigante". Il modello, a colonna, è dotato di una valvola di sicurezza e di un manometro posti sulla sommità della cupola.

Bezzera's patent (1901)

Bezzera's company was founded in Milan by Eng. Luigi Bezzera after registering his patent on 19th November 1901. The machine patented was named as "Tipo gigante" ("Gigantic model"). The column-shaped model is equipped with a safety valve and a pressure gauge collocated on top of the dome.

5
Stand della Fiera Campionaria di Milano (1906). La prima immagine che documenta una macchina da caffè espresso

Stand of the Fiera Campionaria di Milano (Trade Fair of Milan) in 1906. The first picture of an espresso coffee machine.

6
Immagine pubblicitaria de La Pavoni modello "Ideale".

Advertising of La Pavoni, "Ideale" model.

7

La Pavoni, Milano. Macchina a colonna, modello a due gruppi, con bronzi e smalti di pregevole fattura.

Fondata da Desiderio Pavoni nel 1905 a Milano, La Pavoni, avvalendosi del brevetto di Luigi Bezzera, inizia a progettare e commercializzare macchine per caffè espresso, diventando una storica azienda del settore. I primi modelli, prodotti in una piccola officina di via Parini a Milano, sono a sviluppo verticale e disponibili nei formati piccolo, medio e grande. Le macchine de La Pavoni si vendono, già dai primi tempi, al ritmo di una al giorno.

La Pavoni, Milan. Column-shaped machine, two-groups model, with fine bronze and enamel decorations.

Founded by Desiderio Pavoni in 1905 in Milan, La Pavoni, thanks to Luigi Bezzera's patent, started to design and market espresso machines and soon became one of the Italian historical companies in the industry. The first models, produced in a workshop of Via Parini in Milan, were vertical and available in small, medium and large size. Since the very beginning, these machines of La Pavoni were sold at the pace of one machine a day.

Famose immagini pubblicitarie d'epoca della Victoria Arduino, azienda tra le prime a diffondere la cultura del caffè espresso.

Nel 1905 la Victoria Arduino, fabbricata dal torinese Pier Teresio Arduino perfeziona la resa della macchina da caffè a vapore. Sicuro delle proprie innovazioni, il fondatore dell'azienda dedica il marchio alla moglie Victoria e contribuisce sensibilmente a diffondere nel mondo l'uso della macchina da caffè espresso.

Historical famous advertising images of Victoria Arduino, one of the first companies to spread the espresso culture.

In 1905 Victoria Arduino machine, manufactured by Pier Teresio Arduino from Turin, improved the performance of steam-mechanism. Well determined in his innovative ideas, the company founder called the trademark after his wife Victoria and significantly contributed on spreading the use of espresso machines in the world.

10
Victoria Arduino, Torino. Modello a colonna, a due gruppi.

Victoria Arduino, Turin. Column-shaped model, with two groups.

11
Cartolina postale pubblicitaria.
Advertising postcard.

12 - 13
La Minerva, fondata a Torino nei primi anni del Novecento, dedica il proprio marchio all'omonima Dea. Il modello, a due gruppi, realizzato in ottone nichelato, riporta il logo ed una decorazione nella parte superiore in bronzo cesellato a mano.

La Minerva trademark, founded in Turin in the early twentieth century, is called after the homonymous ancient Greek goddess. The two-groups model in nickel-plated brass is decorated with the company logo and with a finely hand chiselled brass motif on the upper section.

1910-1920

14 - 15 - 16 - 17
Officine Fratelli Romanut, la Serenissima, macchine per caffè espresso, Udine. Modello a colonna, a due gruppi, che mette in risalto l'emblema dell'azienda, il leone di San Marco, cesellato a mano.
Il funzionamento è elettrico e a gas.

Officine Fratelli Romanut, "la Serenissima", espresso machines, Udine. Two-groups column-shaped model with the hand chiselled company emblem, representing the lion of St. Mark, on relief. Gas and electric functioning.

14

15

18 - 19
L' Augusta Brevetti Massocco & C, Torino.
Modello a due gruppi, carrozzeria cromata.

*L' Augusta Brevetti Massocco & C, Turin.
Two-groups model with chromium-plated body.*

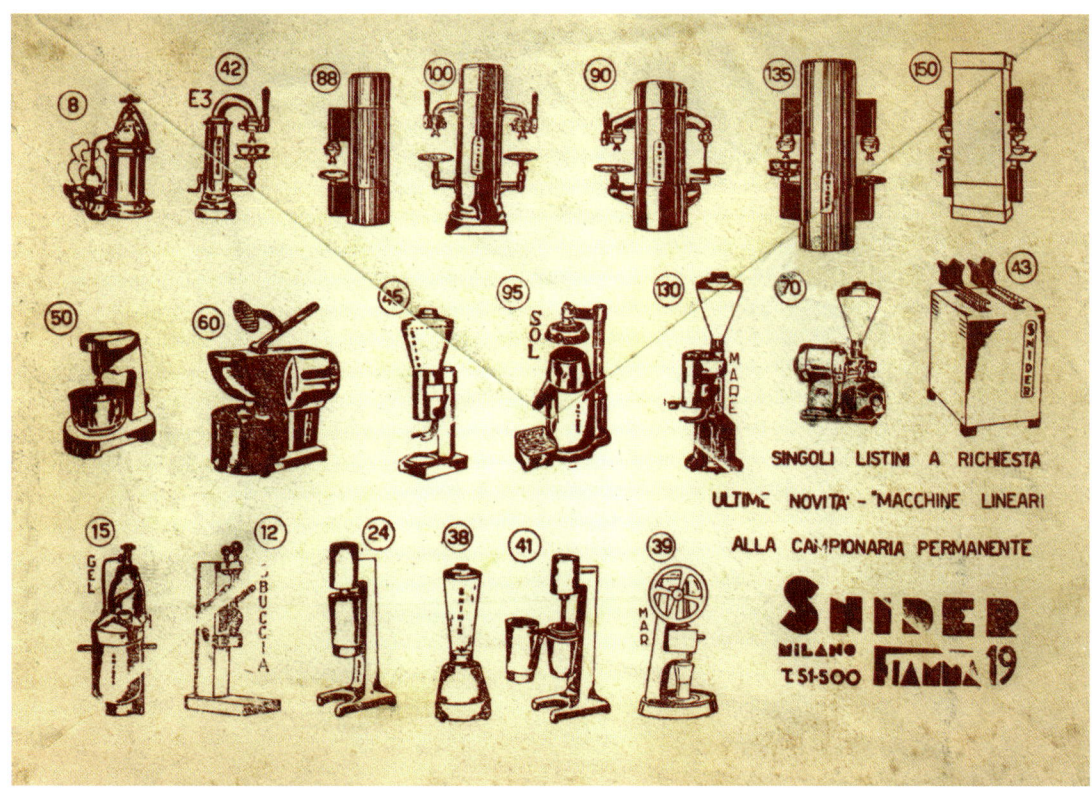

20 - 21 - 22
Materiale pubblicitario d'epoca delle Officine Fratelli Snider.
Historical advertising material of Officine Fratelli Snider.

1920-1930

23 - 24
Snider, Milano. Macchina da caffè a colonna a due gruppi con funzionamento elettrico istantaneo (fronte e retro).

Snider, Milan. Column-shaped machine with two groups and with instantaneous electric functioning (front and back).

MACCHINA PULCRA TIPO P 1

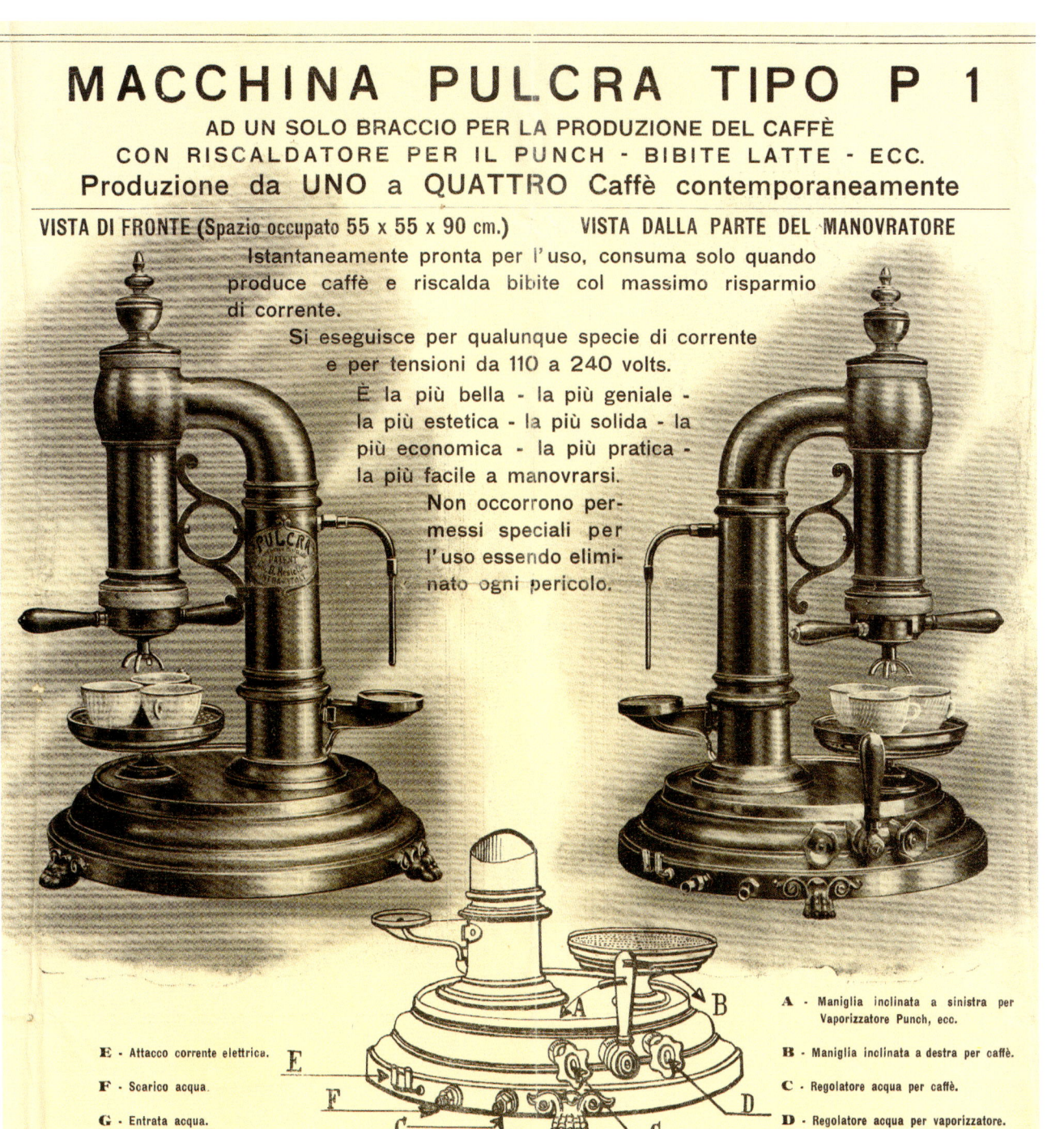

AD UN SOLO BRACCIO PER LA PRODUZIONE DEL CAFFÈ
CON RISCALDATORE PER IL PUNCH - BIBITE LATTE - ECC.
Produzione da UNO a QUATTRO Caffè contemporaneamente

VISTA DI FRONTE (Spazio occupato 55 x 55 x 90 cm.)   **VISTA DALLA PARTE DEL MANOVRATORE**

Istantaneamente pronta per l'uso, consuma solo quando produce caffè e riscalda bibite col massimo risparmio di corrente.

Si eseguisce per qualunque specie di corrente e per tensioni da 110 a 240 volts.

È la più bella - la più geniale - la più estetica - la più solida - la più economica - la più pratica - la più facile a manovrarsi.

Non occorrono permessi speciali per l'uso essendo eliminato ogni pericolo.

E - Attacco corrente elettrica.
F - Scarico acqua.
G - Entrata acqua.

A - Maniglia inclinata a sinistra per Vaporizzatore Punch, ecc.
B - Maniglia inclinata a destra per caffè.
C - Regolatore acqua per caffè.
D - Regolatore acqua per vaporizzatore.

25
Materiale pubblicitario Pulcra delle Officine Gio. B. Restellini, Intra.

Advertising of the model "Pulcra", by Officine Gio. B. Restellini, Intra.

26 (pag. 38-39)
Materiale pubblicitario d'epoca Bezzera.

Historical advertising material of Bezzera.

1920-1930

MODELLI "

Tipo "GIGANTE"

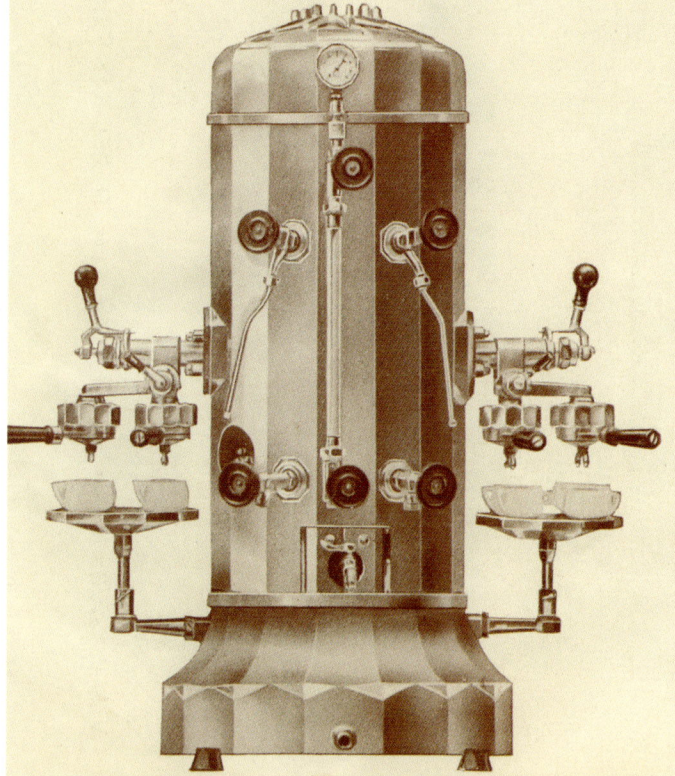

Altezza totale m/m 1100 - Diametro base m/m 540
Peso netto kg. 118

Tipo "MEDIO"

Altezza totale m/m 900 - Diametro base m/m 4...
Peso netto kg. 84

MODEL...

Tipo "GIGANTE"

Altezza totale m/m 1010 - Diametro base m/m 470
Peso netto kg. 92

Tipo "MEDIO"

Altezza totale m/m 890 - Diametro base m/m ...
Peso netto kg. 71

OLIGONALI "

Tipo " LILIPUT "

Tipo " R 2 "

Altezza totale m/m 800 - Diametro base m/m 360
Peso netto kg. 60

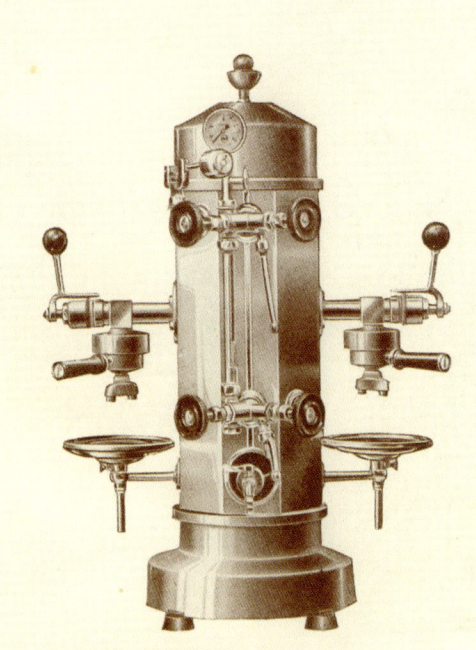

Altezza totale m/m 720 - Diametro base m/m 300
Peso netto kg. 36

"2000"

Tipo " LILIPUT "

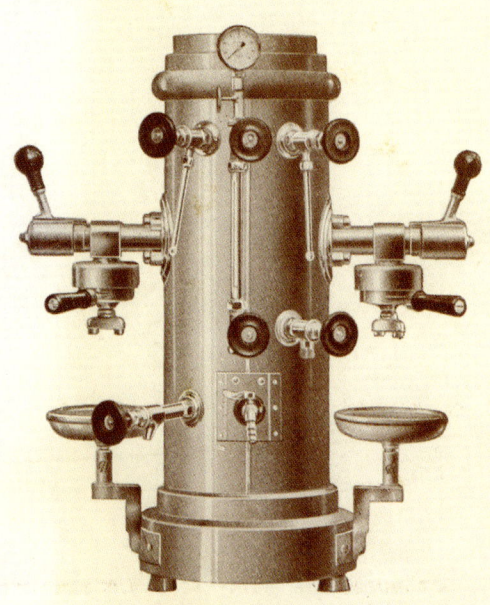

Altezza totale m/m 780 - Diametro base m/m 330
Peso netto kg. 60

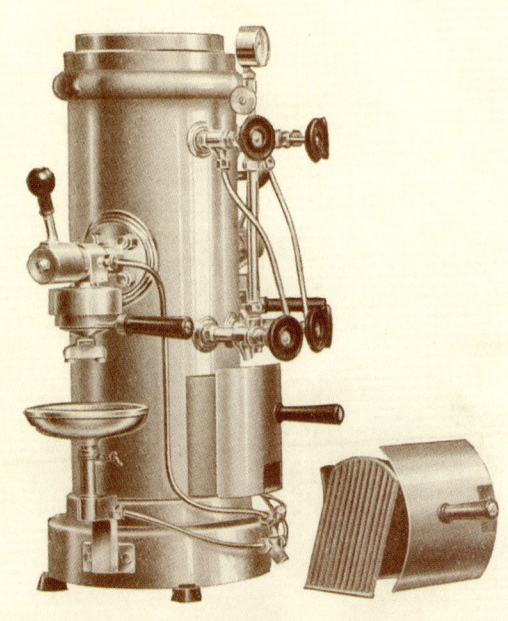

Macchina con riscaldamento a carbone (braciere).
Si costruisce su ogni modello.
Il sistema più economico di riscaldamento!

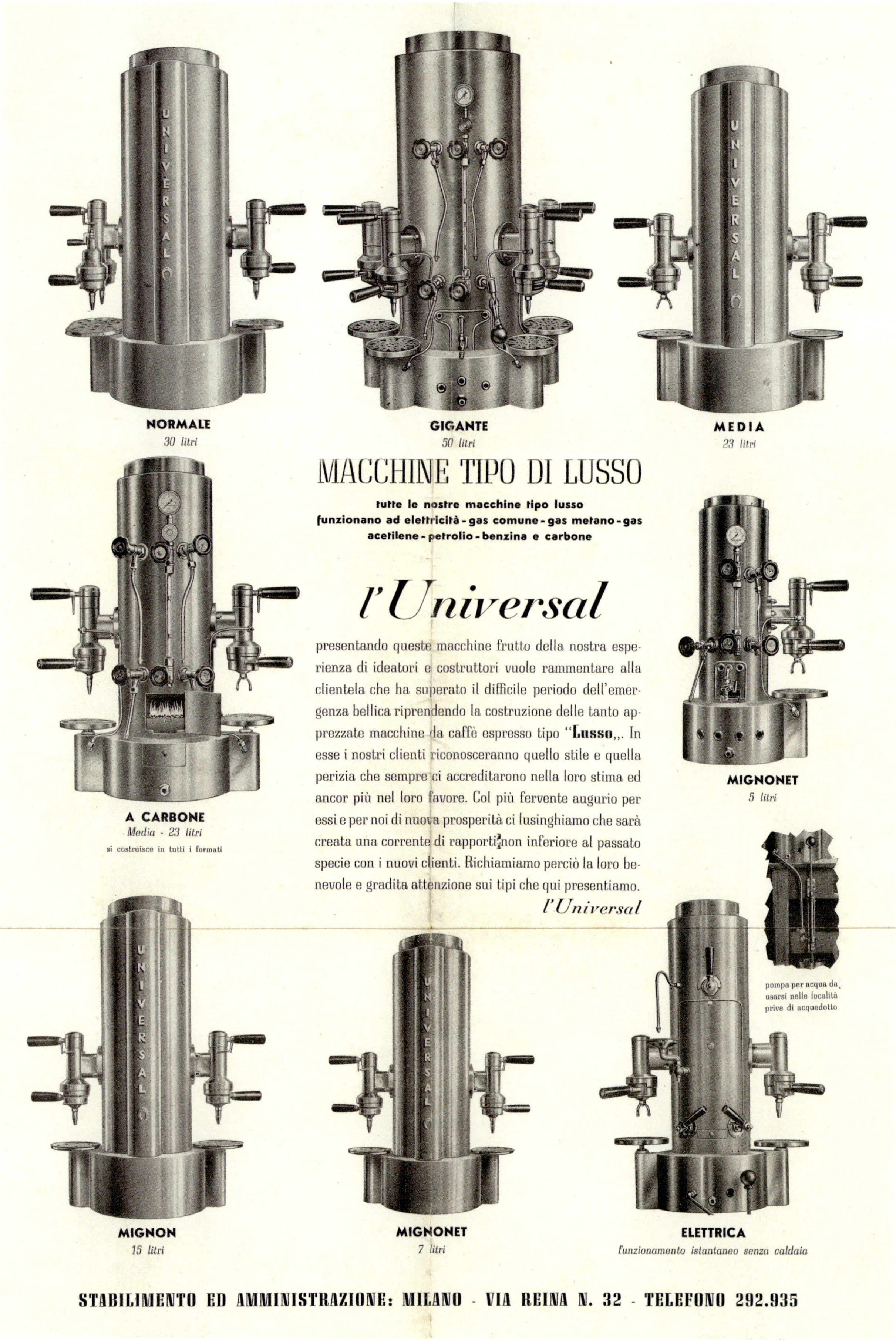

NORMALE
30 litri

GIGANTE
50 litri

MEDIA
23 litri

MACCHINE TIPO DI LUSSO

tutte le nostre macchine tipo lusso funzionano ad elettricità - gas comune - gas metano - gas acetilene - petrolio - benzina e carbone

l'Universal

presentando queste macchine frutto della nostra esperienza di ideatori e costruttori vuole rammentare alla clientela che ha superato il difficile periodo dell'emergenza bellica riprendendo la costruzione delle tanto apprezzate macchine da caffè espresso tipo "**Lusso**". In esse i nostri clienti riconosceranno quello stile e quella perizia che sempre ci accreditarono nella loro stima ed ancor più nel loro favore. Col più fervente augurio per essi e per noi di nuova prosperità ci lusinghiamo che sarà creata una corrente di rapporti non inferiore al passato specie con i nuovi clienti. Richiamiamo perciò la loro benevole e gradita attenzione sui tipi che qui presentiamo.

l'Universal

A CARBONE
Media - 23 litri
si costruisce in tutti i formati

MIGNONET
5 litri

pompa per acqua da usarsi nelle località prive di acquedotto

MIGNON
15 litri

MIGNONET
7 litri

ELETTRICA
funzionamento istantaneo senza caldaia

STABILIMENTO ED AMMINISTRAZIONE: MILANO - VIA REINA N. 32 - TELEFONO 292.935

1920-1930

41

28
Universal è un'officina fondata a Milano nei primi anni del Novecento, che ha goduto di ampi successi al punto di essere tra le più note dell'epoca.
Il modello rappresentato è a colonna, a due gruppi.

Universal, a small factory founded in Milan in the early twentieth century, benefited from numerous successful products which put it among the top Italian companies of those days. The model in the picture is column-shaped, with two groups.

29
Pubblicità de La Idrotermica, azienda produttrice di macchine per caffè espresso.

Advertising of La Idrotermica, company manufacturing espresso machines.

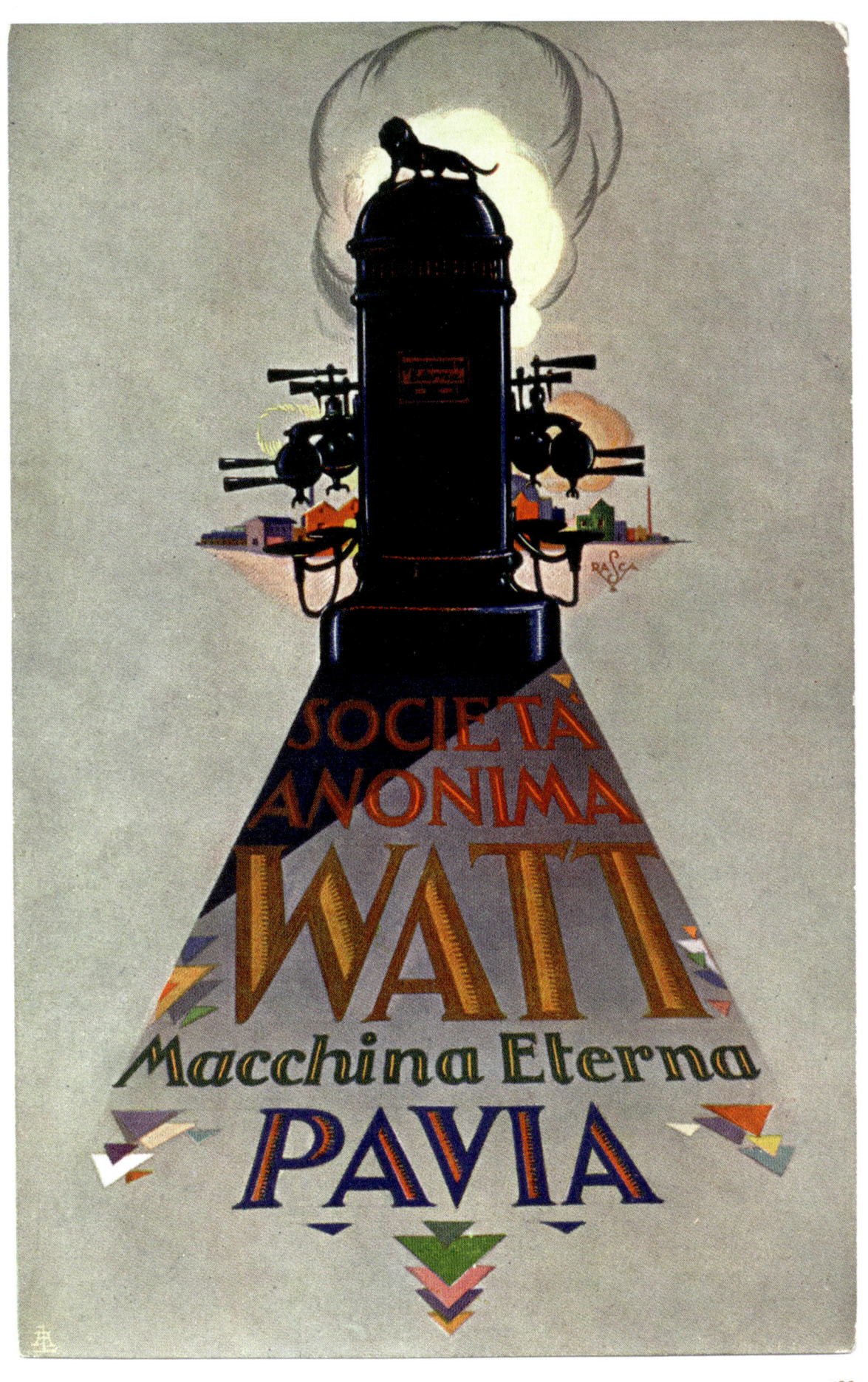

30
Manifesto pubblicitario dell'azienda Eterna di Pavia.

Poster of Eterna, Pavia.

31 - 32
Universal, Milano. Modello a colonna, ad un gruppo, con funzionamento a vapore.

Universal, Milan. Column-shaped model with one group and steam-mechanism.

33 - 34
Eletta, Milano. Modello a colonna, ad un gruppo, con funzionamento elettrico istantaneo.

Eletta, Milan. Column-shaped model with one group and instantaneous electric functioning.

35
Aurora, Officine Brugnetti, Milano. Modello a colonna, ad un gruppo.

Aurora, Officine Brugnetti, Milan. Column-shaped model with one group.

36 - 37
A.P.R.E. (Applicazioni Pratiche Riscaldamento Elettrico),
Milano. Modello a colonna, di forma poligonale, a due gruppi.

*A.P.R.E. (Applicazioni Pratiche Riscaldamento Elettrico),
Milan. Column-shaped polygonal model with two groups.*

1920–1930

38 - 39
Universal, Milano. Il modello a colonna, a base ottagonale, uno tra i più conosciuti, presenta un apparato decorativo di pregio con smalti e finiture d'argento. E' stato presentato alla Fiera Campionaria di Milano nel 1929 ed ha ottenuto un importante riconoscimento.

Universal, Milan. Column-shaped model with polygonal basement, one of the best-known, presenting a valuable decorative apparatus with enamel and silver trimmings. It was for the first time presented at the Fiera Campionaria di Milano (Trade Fair of Milan) in 1929 and obtained an important reward.

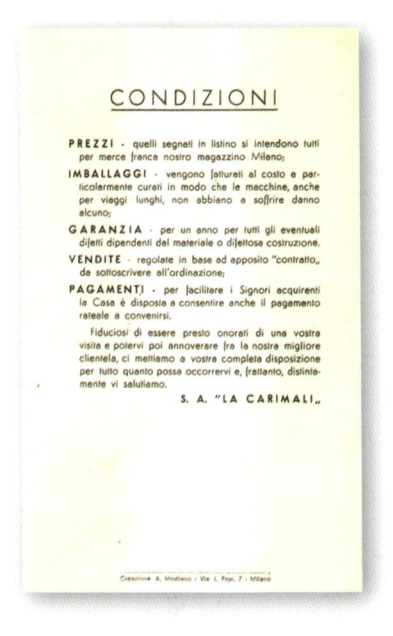

1930-1940

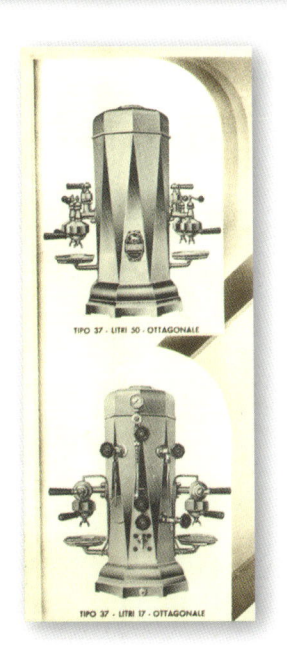

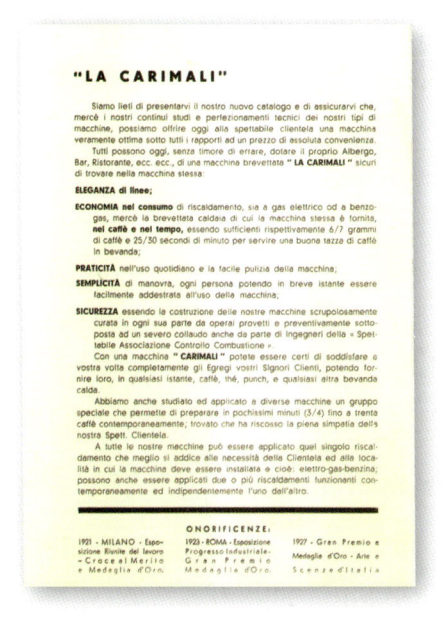

40

Rassegna d'immagini pubblicitarie dell'azienda Carimali di Milano.

A range of advertising images of Carimali company in Milan.

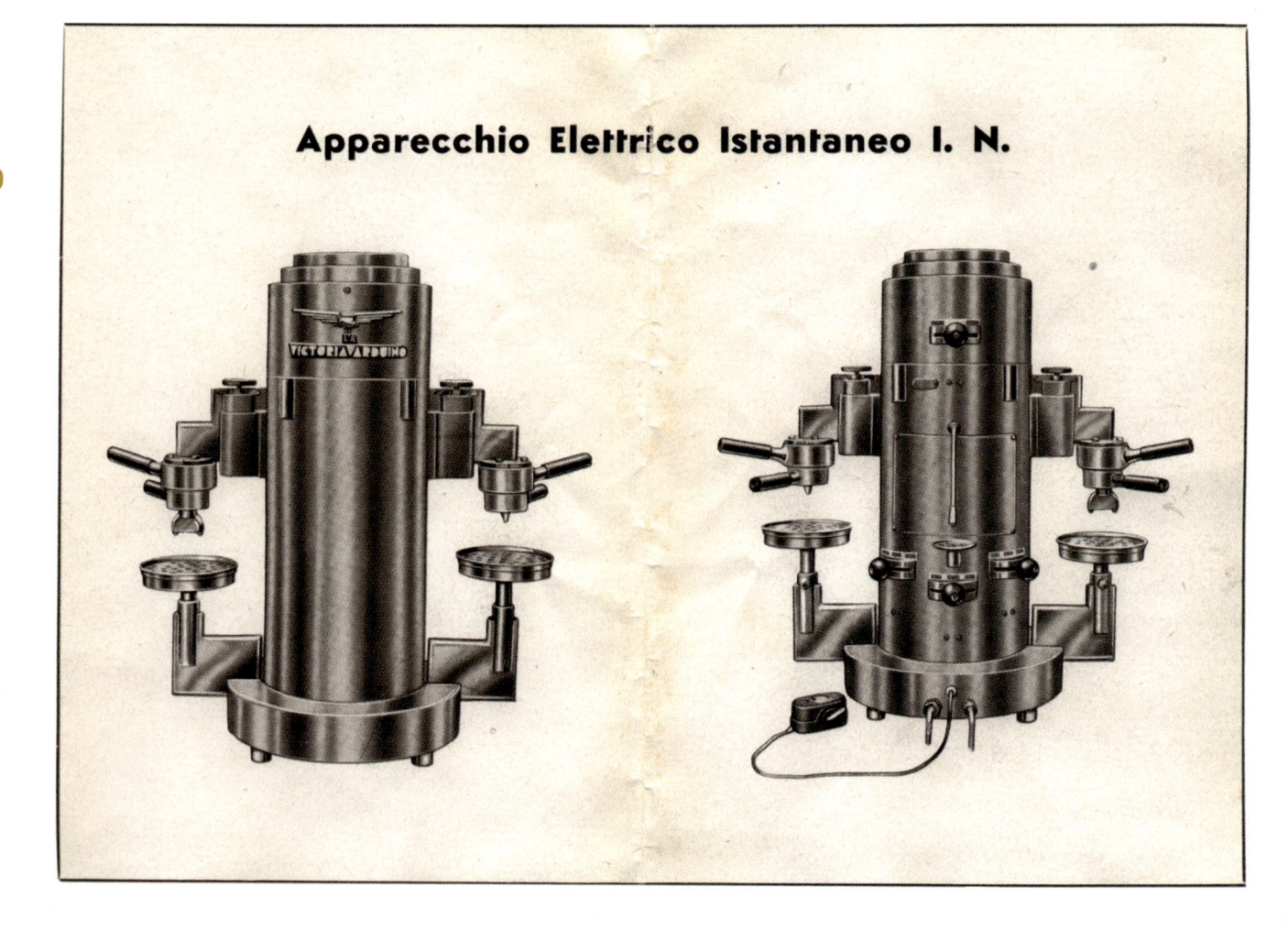

41
Immagine pubblicitaria della Victoria Arduino di Torino.

Advertising image of Victoria Arduino of Turin.

Victoria Arduino, Torino. Modello a colonna, a due gruppi. L'immagine di tale macchina, nelle linee e nei volumi, attinge al repertorio "fascista", dichiarando esplicitamente il periodo di messa in produzione.

Victoria Arduino, Turin. Column-shaped model, with two groups. The exterior design of this machine draws on the fascist repertoire of lines and volumes, clearly indicating the production period.

1930-1940

43

52

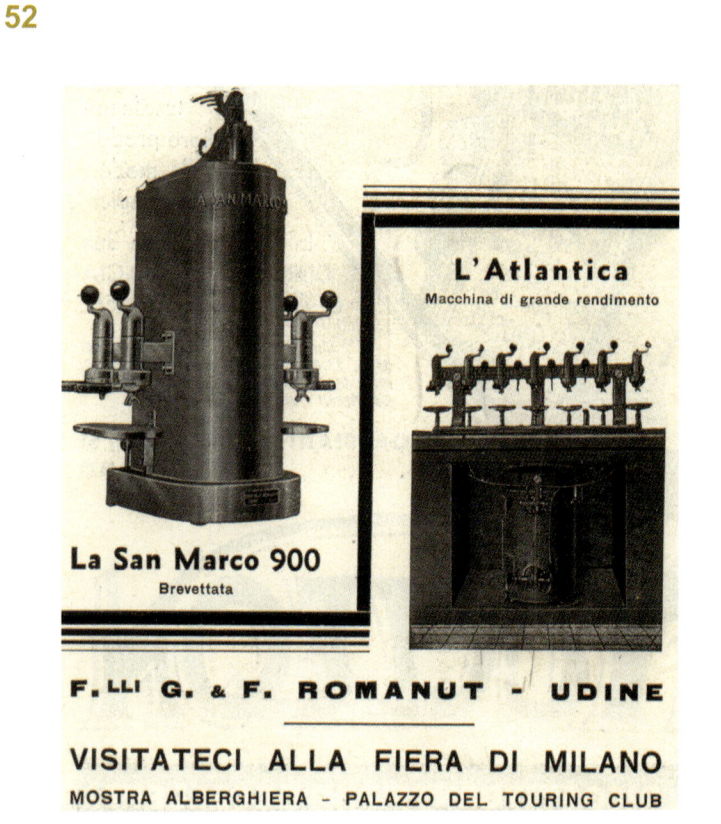

44

45

43 - 44 - 45 - 46
San Marco, Udine. Immagini pubblicitarie e modello a colonna a due gruppi, con carrozzeria cromata.

San Marco, Udine. Advertising images and column-shaped model with two groups and chromium-plated body.

1930-1940

46

47
Simonelli, Macerata. Modello a colonna a due gruppi, con carrozzeria cromata e con meccanica per preparazione istantanea.

Le Officine Simonelli sono fondate dall'ingegner Orlando Simonelli a Tolentino, in provincia di Macerata, nel 1936.

Simonelli, Macerata. Column-shaped model with two groups and chromium-plated body.
The mechanism provides for an immediate preparation.

Officine Simonelli was founded by Eng. Orlando Simonelli in Tolentino, in the province of Macerata, in 1936.

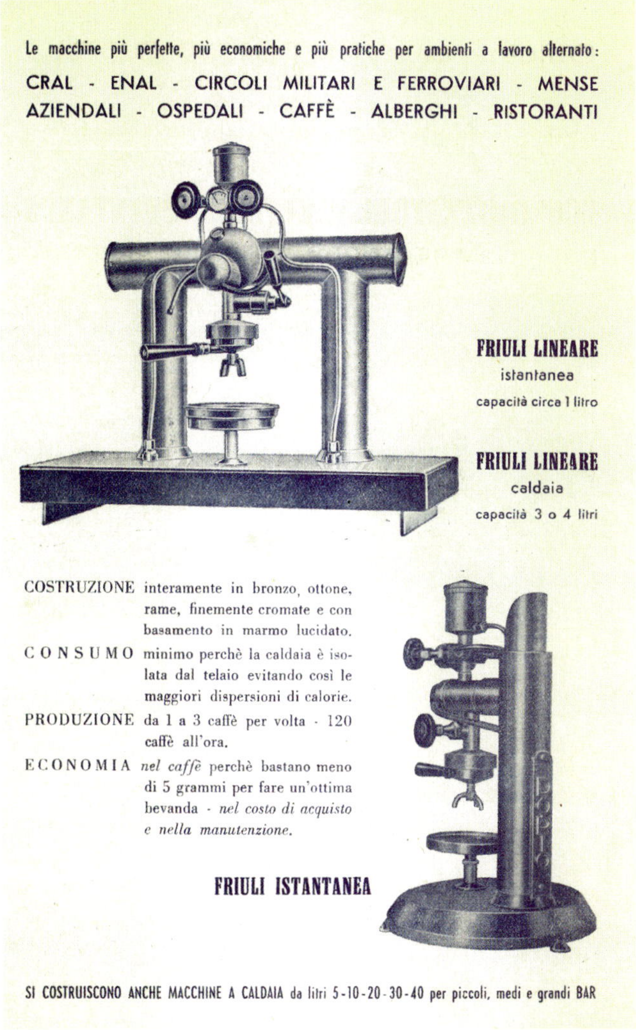

1930-1940

48 - 49
Officine Dorio, Udine. Immagini pubblicitarie dell'economizzatore elettrico.

Le Officine Dorio sono fondate nel 1925 dal Cavalier Antonio Dorio a Udine.

Officine Dorio, Udine. Advertising images of the electric economizer.

The Officine Dorio was founded in 1925 by Cav. Antonio Dorio in Udine.

50
Immagine pubblicitaria
La Rancilio modello "Graziosa"

*Advertising of La Rancilio,
model "Graziosa"*

1930-1940

51

57

52

51 - 52
La Rancilio modello "Ideale" a quattro gruppi.
L'azienda Rancilio nasce a Parabiago, in provincia di Milano, nel 1927; fondata da Roberto Rancilio.

*La Rancilio model "Ideale" with four units.
La Rancilio was founded in Parabiago, near Milan, in 1927 by Roberto Rancilio.*

1930-1940

LA CIMBALI

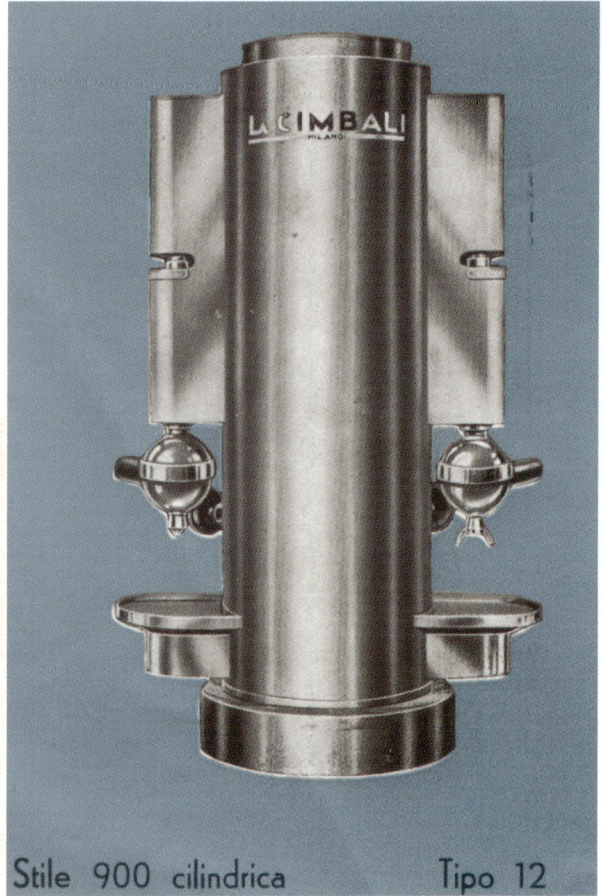

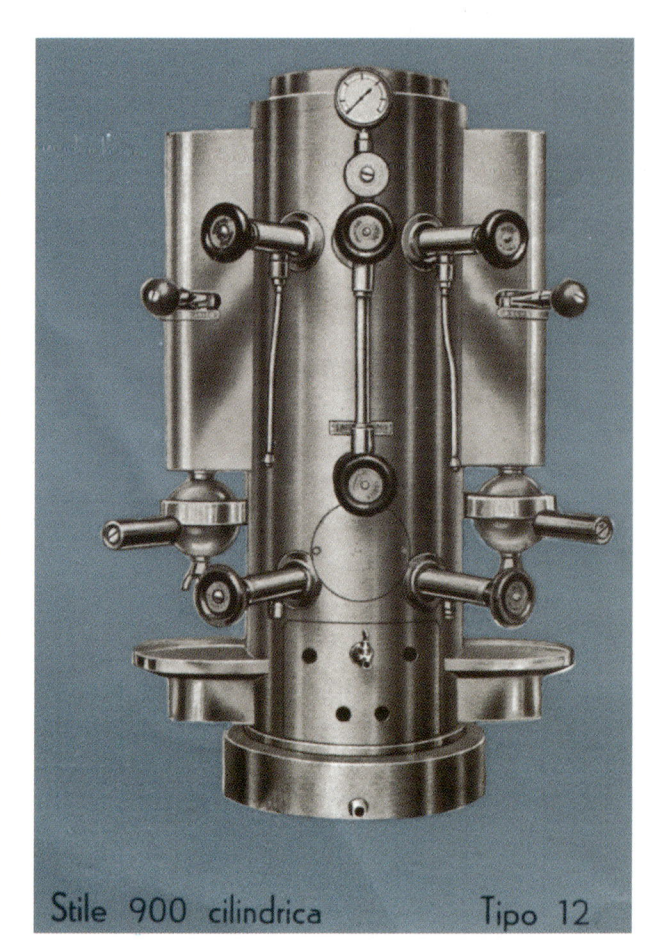

58

Stile 900 cilindrica — Tipo 12

Stile 900 cilindrica — Tipo 12

Immagini tratte da un catalogo d'epoca de La Cimbali con alcuni dei modelli più significativi.

Images from the catalogue by La Cimbali with some of its core products.

Stile 900 cilindrica — Tipo 5

Stile 900 cilindrica — Tipo D/4

Stile 900 ovale   Tipo C/3

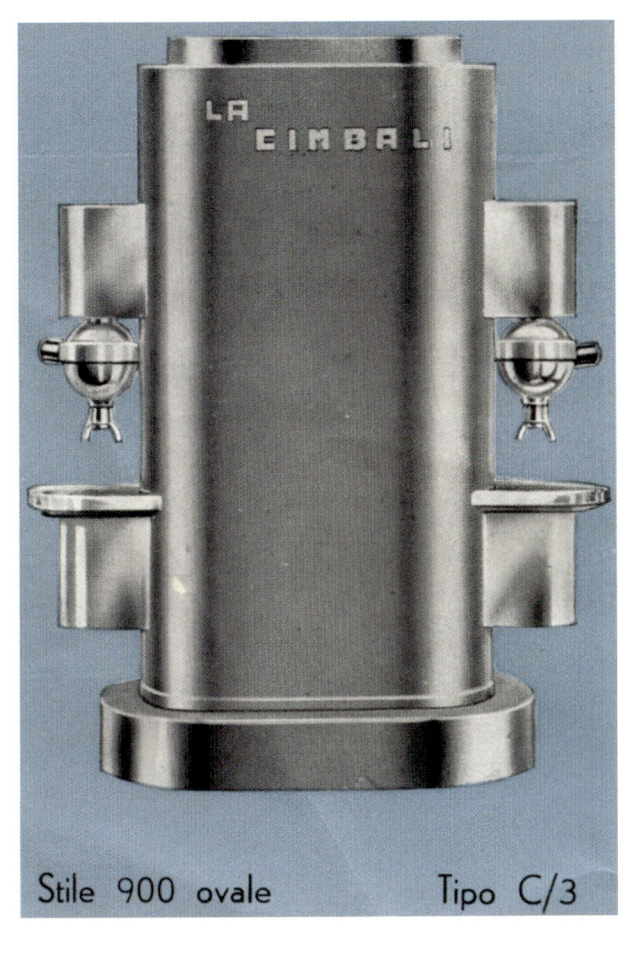

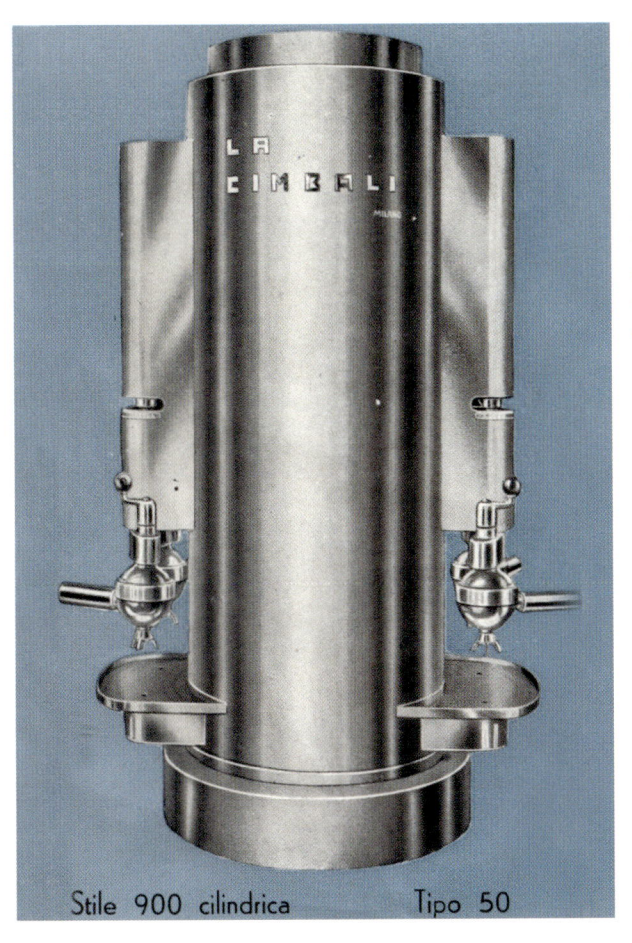

Stile 900 cilindrica   Tipo E/5

Stile 900 cilindrica   Tipo 50

La Cimbali è fondata nel 1912 da Giuseppe Cimbali in una piccola bottega di Milano, dove l'artigiano produce componenti per le aziende di macchine espresso. Negli anni Trenta, rilevata una di queste ditte, ne avvia la produzione in proprio.

La Cimbali was founded in 1912 by Giuseppe Cimbali in a workshop in Milan, where the craftsman produced components for espresso machine companies. In the '30s, after taking over one of those companies, he started his own production.

LAMPO
UNICO COMPRESSORE PER CAFFÈ

LAMPO
FUNZIONA SENZA VAPORE

NON PIÙ MAL DI CUORE

NON PIÙ MAL DI RENI

Bevete solo caffè filtrato dall'apparecchio **"LAMPO"**, perchè di gusto squisito e neutralizzato dagli acidi: "Tannico e Caffeico" tanto nocivi all'organismo.

Nei migliori bar, ristoranti, alberghi funziona il compressore **"LAMPO"**:

L'UNICO APPARECCHIO CHE FA IL CAFFÈ SENZA VAPORE !!!

Visitate il nostro stand alla Fiera Campionaria - Mostra Alberghiera MILANO

Brevetti GAGGIA G.A. - Via Pietro Calvi, 2
Telefoni: 20-711 - 573-424 - **MILANO**

Distrib. autorizz. dalla R. Questura di Milano, in data 12-4-39-XVII, a sensi dell'art. 217. - ARTI GRAFICHE A. FATTORINI - Milano - 4-39

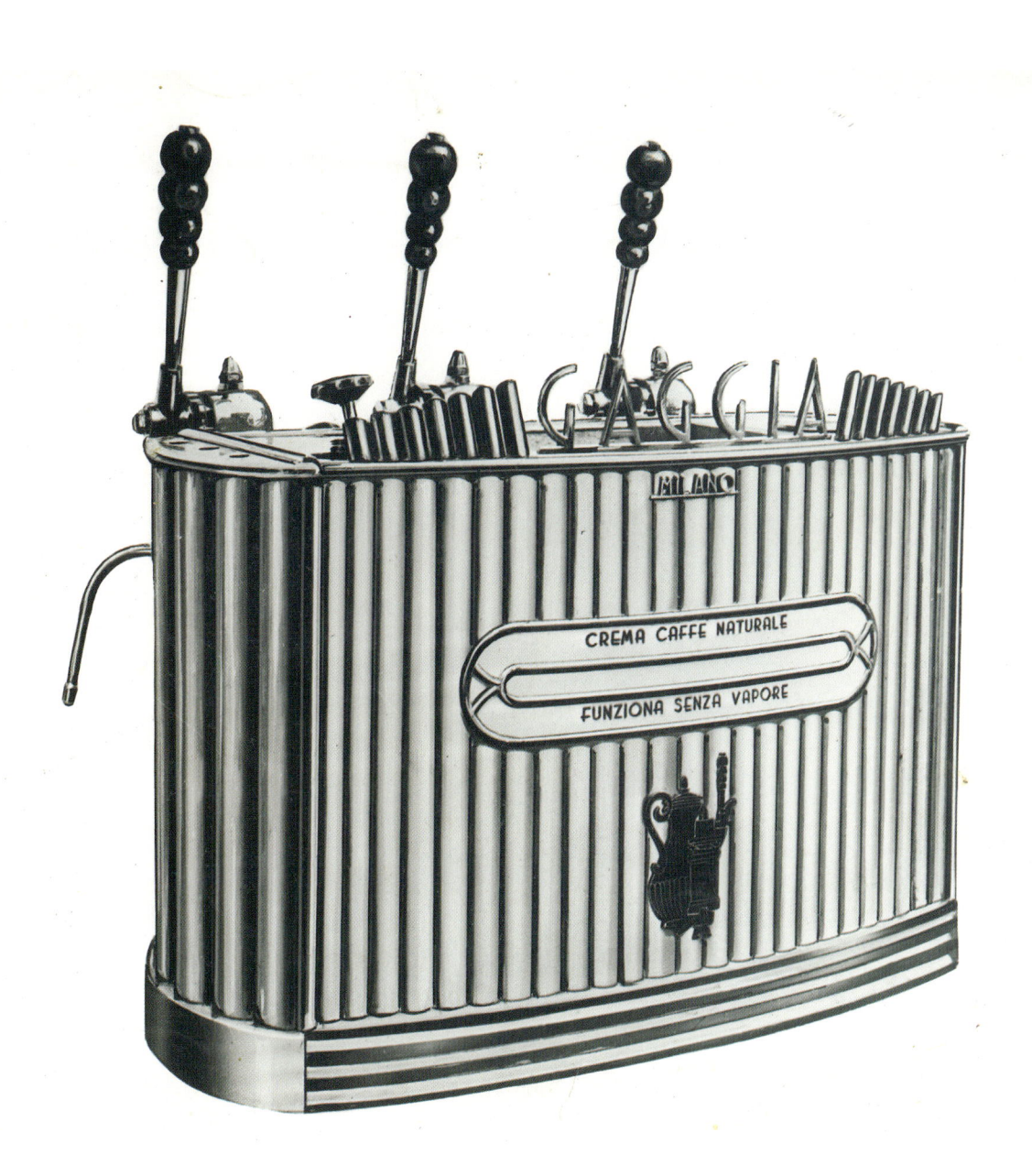

54
Immagine pubblicitaria del primo gruppo a pistone ancora con maniglia orizzontale, presentato per la prima volta alla Fiera Campionaria di Milano, brevetto Gaggia 12-4-38.

Advertising of the first piston unit, still with horizontal handle, appeared for the first time at the Fiera Campionaria in Milan, patent Gaggia 12-4-38.

55
Gaggia modello "Spagna" a tre gruppi.

Gaggia model "Spagna", with 3 units.

Achille Gaggia progetta, brevetta e produce nel 1948 a Milano la prima macchina con sistema a leva manuale. Tale invenzione è un immediato successo e porta alla rapida diffusione di queste macchine in bar e ristoranti. La genialità di questo sistema è riprovato dalle numerose applicazioni anche in modelli di altre case produttrici, dal considerevole aumento delle vendite e, fondamentale, dal miglioramento qualitativo nella preparazione del caffè.

In 1948, in Milan, Achille Gaggia designed, patented and manufactured the first machine with hand lever. This innovative device became an immediate success and contributed to spreading these machines in bars or restaurants. The ingeniousness of this discovery is proved by the numerous applications by other companies, by the significant increase of sales and, above all, by the qualitative improvement of coffee preparation.

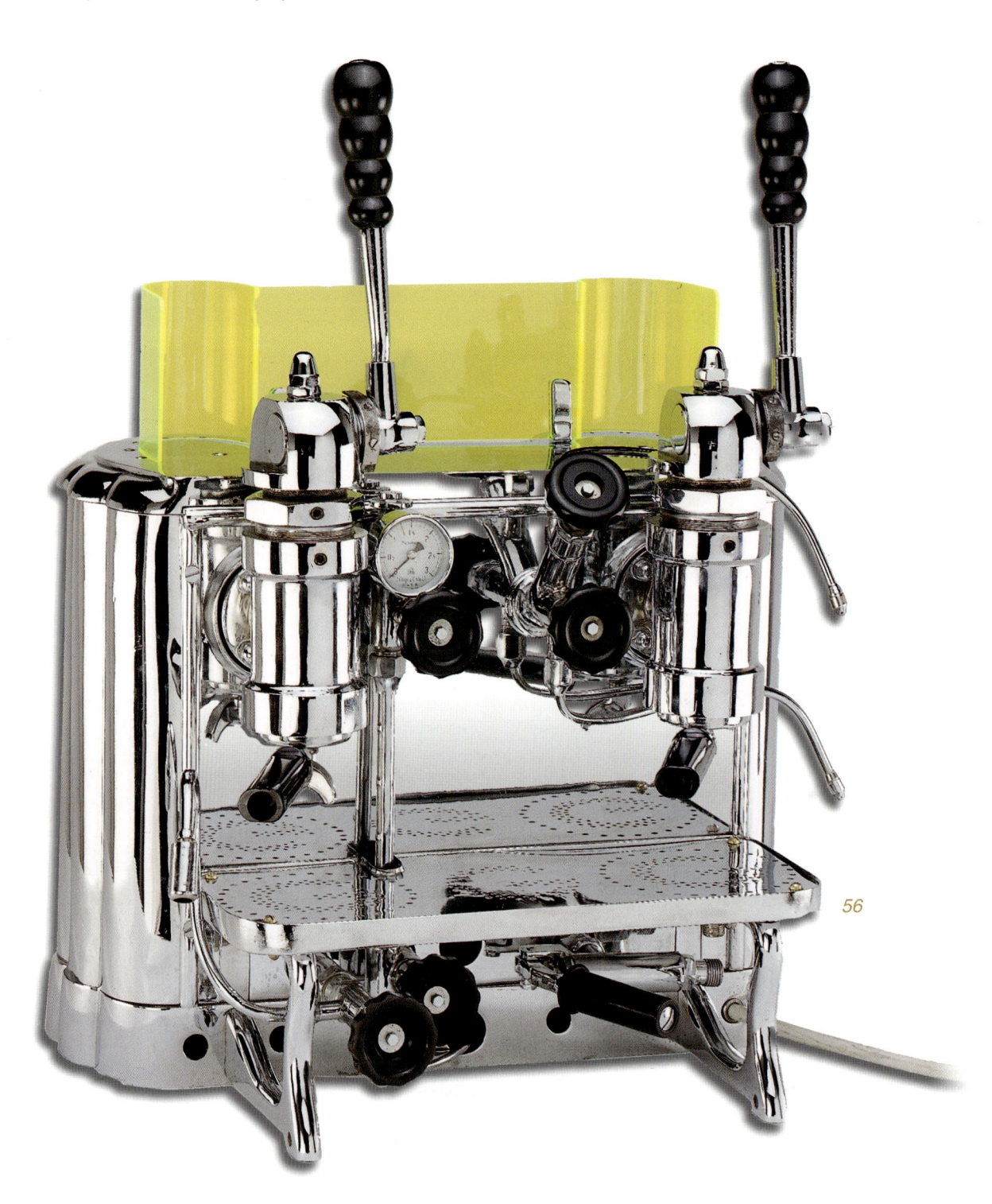

56 - 57 - 58 - 59
Gaggia, Milano. Modello Classica a due e un gruppo, del 1948, primo esempio con gruppo pistone per crema caffè.

Gaggia, Milan. The "Classica" model with two and with uoe group, of 1948. It is the first example equipped with a piston group for coffee cream preparation.

57

1940-1950

64

58

1940-1950

65

59

60 - 61
La Pavoni, Milano. Modello progettato nel 1948 dall'architetto Gio Ponti.

La Pavoni, Milan. Model designed in 1948 by Arch. Gio Ponti.

61

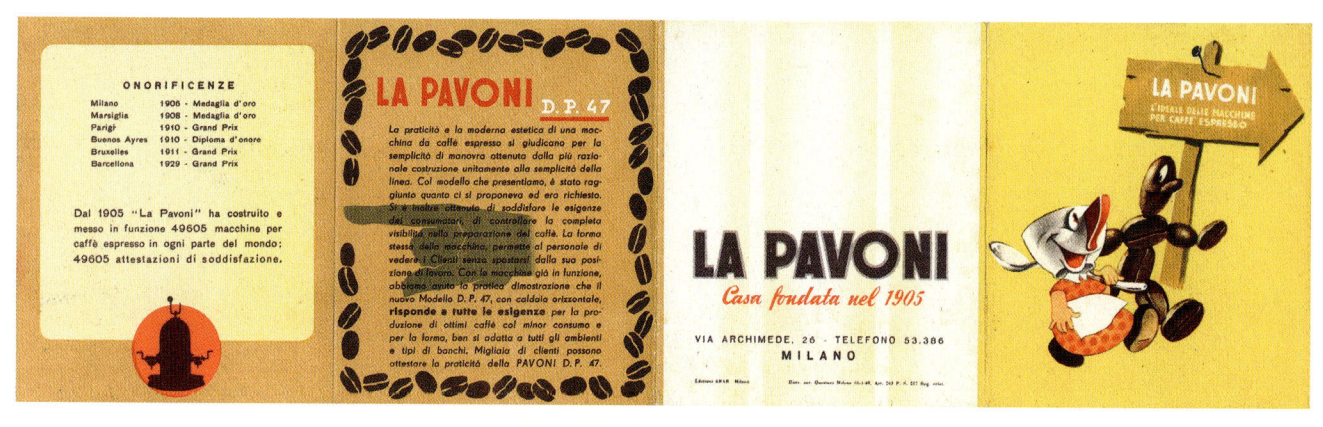

62 Materiale pubblicitario. *Advertising stuff.*

63

Il presente modello ornamentale riguarda una macchina per la preparazione di caffè espresso, per bar e simili. La macchina oggetto del presente modello ornamentale, comporta la completa chiusura di tutte le sue parti meccaniche e funzionali entro ad un cofano lineare e privo di sporgenze superficiali, nonché raccordato con gli elementi di copertura dei vari organi della macchina stessa. La macchina è essenziale e costituita da un corpo cilindrico con testate piane sagomate, e da braccia ricurve innestate superiormente al corpo cilindrico. Raccordato a detto corpo vi è il basamento nonché un elemento rettangolare ed insieme quadrilatero costituente la vaschetta di raccolta del liquido di sgocciolamento.

[...] Con particolare riferimento alla fotografia allegata: (1) è il corpo cilindrico, le cui testate (2) comportano un ribasso anulare (2'); (3) è il basamento raccordato al corpo (1); (4,4) sono le braccia ricurve di sostegno dei blocchi erogatori; dette braccia (4) presentano una sezione rettangolare in corrispondenza della loro zona (4') innestandosi nel corpo (1), con spigoli arrotondati essendo tale arrotondamento progressivamente aumentato sino a trasformare la sezione del braccio (4) in complementi circolari in corrispondenza delle loro estremità (4"). Dal lato dell'operatore vi è l'appendice (5), sul cui pannello frontale inclinato sono sistemati gli strumenti di misura ed i comandi della macchina, essendo detta appendice a sezione quadrilatera costante uguale alla forma delle sue testate laterali (5'); la superficie superiore (5") dell'appendice (5) è orizzontale e forata.

(Descrizione del modello ornamentale avente per titolo: "Macchina per la preparazione di caffè espresso, per bar e simili" della ditta La Pavoni S.p.A., brevetto n. 27438, 20/10/1947)

63

The following decorative model relates to a machine for espresso preparation, destined to a bar or other coffee houses. The machine concerned provides that all its mechanical and functional parts are contained inside a case characterized by linear forms with no external projections and jointed to the coverings of the machine components. The machine is essential and constituted by a cylindrical body with flat modelled heads and by bent arms connected to the upper part of the cylindrical body. The basement and a rectangular and quadrilateral basin has the function of collecting the waste liquid.

[...] With reference to the following image: (1) is the cylindrical body, whose heads (2) imply an anular lowering (2'); (3) is the basement jointed to the body (1); (4, 4) are the bent arms sustaining the coffee supply blocks; these arms (4) present a rectangular section in the zone (4'), where they are inserted into the body (1), with edges increasingly smoothed so that the arm section (4) becomes fully circular in correspondence of their extremes (4"). On the side which is turned to the machine operator there is the machine appendix (5). On its frontal inclined panel, the indicators and controls are positioned. This projecting appendix is invariably quadrilateral and its form is as like as that of its lateral heads (5'); the upper surface (5") of the appendix (5) is horizontal and drilled.

(Description of the decorative model entitled: "Macchina per la preparazione di caffè espresso, per bar e simili" – "Machine for espresso preparation, for bars and similar places" – by La Pavoni S.p.A., patent n. 27438, 20/10/1947).

64 - 65
Modellini di furgone pubblicitario disegnati da Gio Ponti.

Advertising models of vans designed by Gio Ponti.

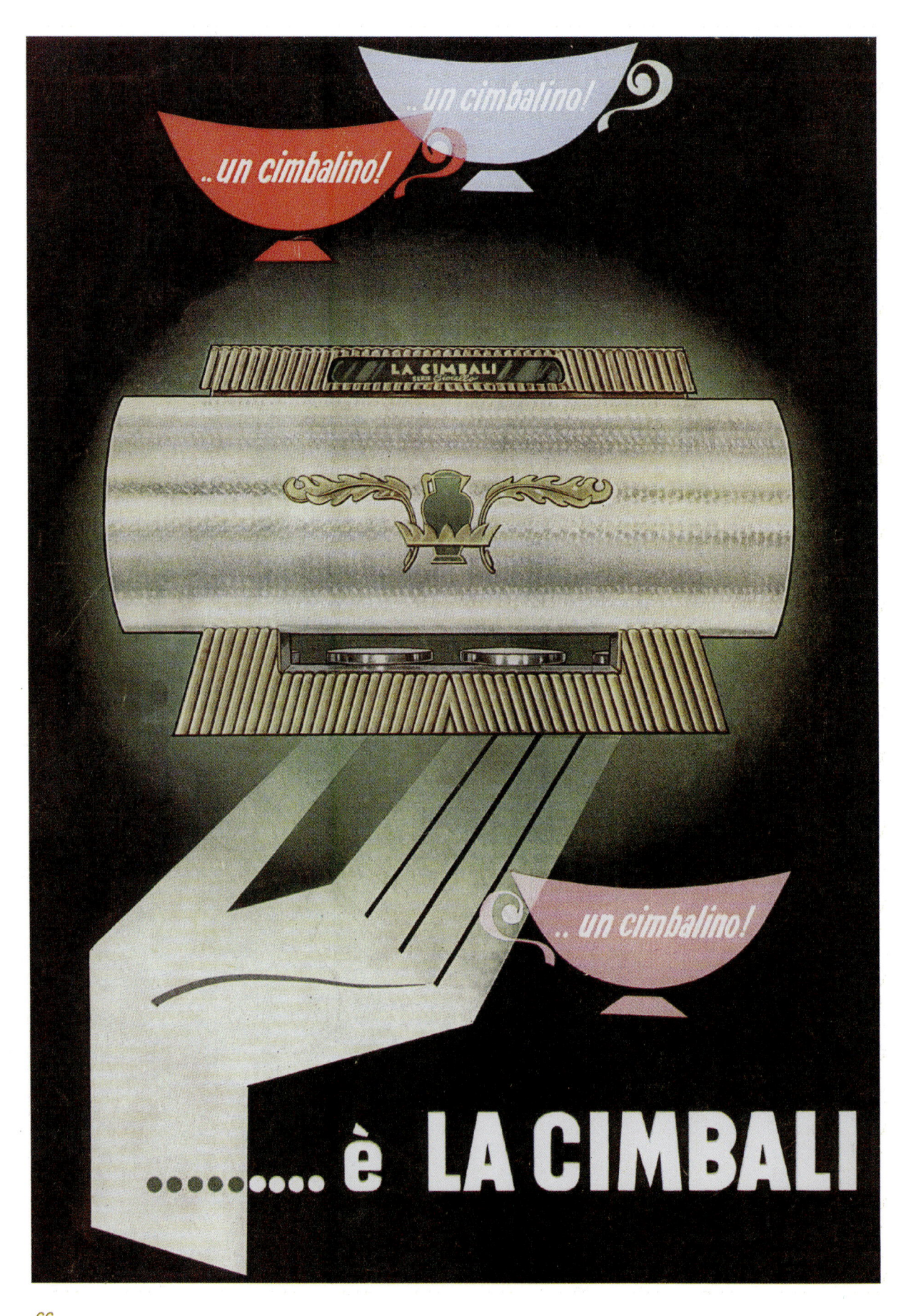

66
Pubblicità de La Cimbali, modello Gioiello a quattro gruppi.

Advertising of La Cimbali. The "Gioiello" model with four groups.

TORINO EXPRESS
MACCHINE PER CAFFÈ ESPRESSO

"LINEARE" *a 6 e a 8 gruppi, a due caldaie indipendenti da 25 litri*
(MODELLO DEPOSITATO)

La "LINEARE" è la più imponente, la più redditizia e la migliore macchina appositamente creata per i bar con molto lavoro. Il sistema a due caldaie indipendenti da 25 litri ciascuna offre il vantaggio economico di tenere accesa una sola caldaia nelle ore in cui il lavoro è più ridotto, mentre nelle ore di punta si hanno due caldaie in pressione con un totale di 50 litri di acqua, senza peraltro avere gli svantaggi di un'unica caldaia da 50 litri.
Un altro considerevole vantaggio di questo sistema è dato, in caso di guasti, dalla possibilità di avere sempre la macchina funzionante con la caldaia rimasta efficiente.
Il dispositivo scaldatazze a getti di vapore su di un unico piano permette il riscaldamento e la sterilizzazione simultanea di diecine di tazze per volta.

MISURE

Num. dei gruppi	Altezza cm.	Lunghezza cm.	Larghezza cm.	Peso circa Kg.	Parola di codice
6	92	134	59	165	SKEDIR
8	92	170	59	185	SAIDAK

Torino Express, Torino. Modello lineare ad sei gruppi (pubblicità).

Torino Express, Turin. Linear forms model with six groups (advertising).

ANNO 48 — N. 35 — LA DOMENICA DEL CORRIERE — 24 NOVEMBRE 1946

In un bar di Vignola (Modena) una macchina per il "caffè espresso„ forse per l'eccessiva pressione, scoppiava con grande fragore. Invece del caffè, tre clienti ricevevano schegge e scottature, e il barista riportava ferite piuttosto gravi, senza contare bottiglie e vetri infranti in tutto il locale.

(Disegno di W. Molino)

68
La Domenica Del Corriere, 1946

La Domenica Del Corriere, 1946

1940-1950

69

70

69 - 70
Simonelli, Macerata. Modello Selene B, a due gruppi, con carrozzeria cromata.

Torino Express, Turin. Linear forms model with eight groups (advertising).

71 - 72
Officine Maffioletto, Bergamo. Modello ad un gruppo, a pistone, capacità un litro e funzionamento elettrico.

Officine Maffioletto, Bergamo. Piston model with one group. 1 litre capacity and electric functioning.

73 - 74
Simonelli, Macerata. Modello S 60 a quattro gruppi su disegno dell'architetto Castelli.

Simonelli, Macerata. The model "S 60" with four groups according to the design of Arch. Castelli.

75
Victoria Arduino, Torino. Immagine pubblicitaria.

Victoria Arduino, Turin. Advertising image.

6500

macchine SIMPLEX
istantanee e a caldaia
in Italia e all'Estero

"SIMPLEX"
Ing. E. Bernareggi

MILANO
Uff.: Via Carducci 32 — Telef. 1.31.56
Off.: Via S. Vincenzo 12 — Telef. 35.16.27

ARTI GRAFICHE CAPELLO & BOATI - MILANO

SIMPLEX

macchine per crema caffè

Macchina per crema caffè *"Classic"*
Brevettata

a manovra e funzionamento integralmente **automatico**

senza vapore - senza compressore - senza leve - senza molle

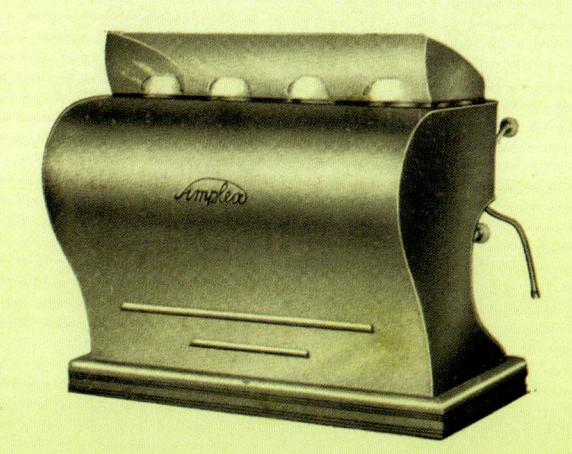

Vista di fronte

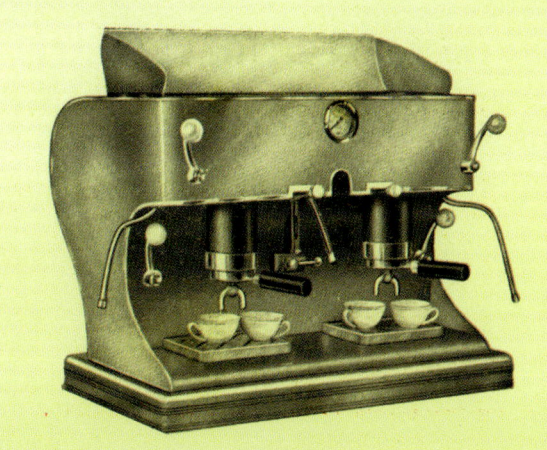

Vista di retro

1950-1960

Simplex, Milano. Immagine pubblicitaria.

Simplex, Milan. Advertising image.

1950-1960

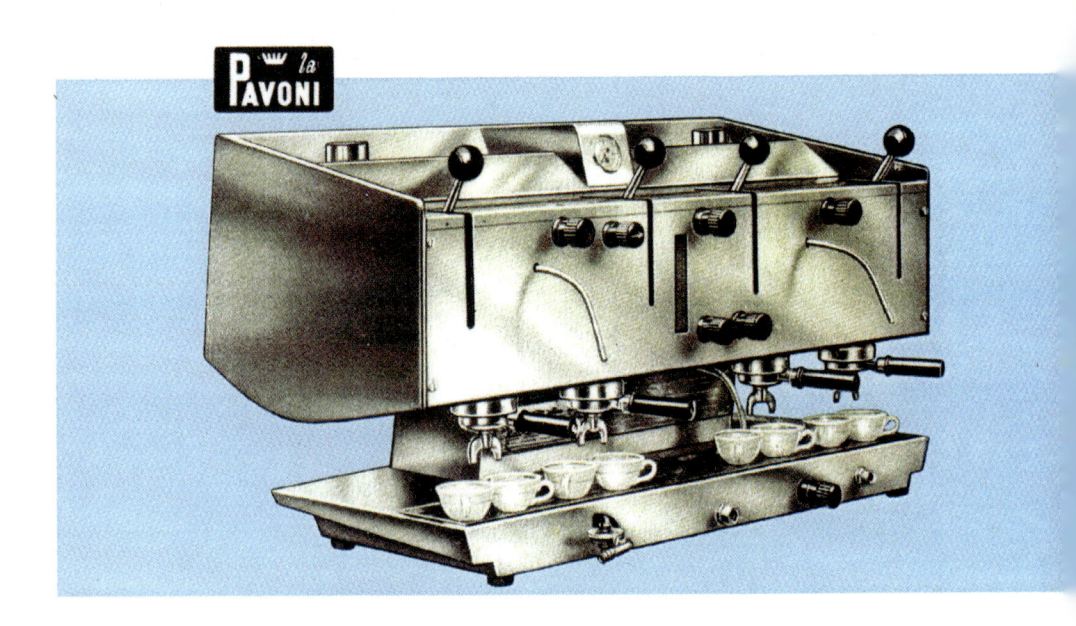

78

IL NUOVO RUBINETTO 51 BREVETTATO
pur essendo superiore ai comuni rubinetti per caffè, è di semplice struttura e permette una manovra facile, leggerissima, senza alcuna necessità di assistenza meccanica. Sfrutta totalmente il caffè al solo passaggio dell'acqua a forte pressione (il vapore non viene mai a contatto con la miscela) agisce sempre a bassa caloria, inferiore al 100°, tale però da ottenere una bevanda assai calda. Richiede unicamente attenzione l'adatta macinatura del caffè, la sua dosatura e pressatura nell'apposito filtro.

CAPACITÀ DELLA CALDAIA LITRI 47

	Dimensioni
Base	cm. 85 × 40
Altezza	cm. 59
Ingombro totale	cm. 104 × 56

Gigante 51

77

77 - 78
La Pavoni, Milano. Modello 51 disegnato dallo studio dell'architetto Gio Ponti

La Pavoni, Milan. The model 51 designed by Arch. Gio Ponti's laboratory.

Gigante

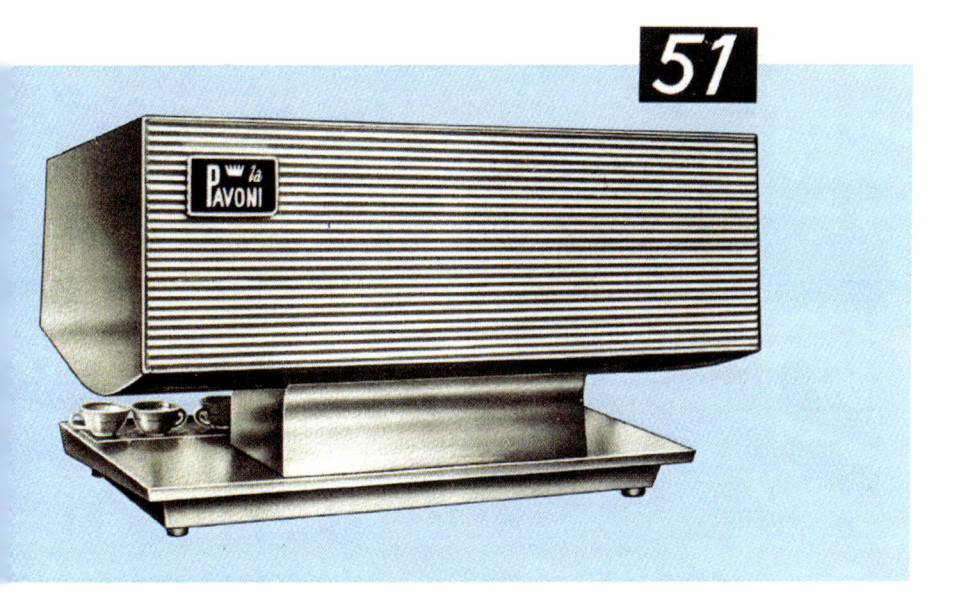

LA PAVONI 51 SENZA VAPORE
La Pavoni 51 a frontale intercambiabile è la nuova macchina di linea rigorosa che permette ad ogni bar, caffè, ristorante, di intonare la macchina — come materia, colore ed espressione d'arte di semplicità e lusso — al carattere dell'ambiente. I frontali sono esclusivamente forniti da "La Pavoni".

LA PAVONI 51 LA MACCHINA DEL CAFFE' CREMA
Il caffè crema è ottenuto con un nuovo rubinetto brevettato, senza complicazioni di compressori o di molle che rendono pesante e faticosa la manovra.

La Pavoni
l'ideale delle macchine per caffè espresso
MILANO · VIA ARCHIMEDE, 26 · TELEFONO 53.386

1950-1960

Ernesto Valente fonda a Milano negli anni Quaranta la Faema, scegliendo come marchio il profilo del Duomo di Milano. In pochi anni, la sua azienda diventa una tra le maggiori produttrici di macchine per caffè.

In Milan, In the '40s, Ernesto Valente founded Faema, choosing the profile of the Duomo of Milan as its trademark. In a short time, his company became one of the most important in the coffee machines manufacturing.

79
Faema, Milano. Immagine pubblicitaria.

Faema, Milan. Advertising image.

SERIE	Gruppi N.	Capacità circa litri	Larghez. cm.	Profond. cm.	Altezza cm.	Posiz. piedini d'appoggio Larghez. cm.	Posiz. piedini d'appoggio Profond. cm.
VENERE	1	2	37	42	58		
MERCURIO	1	5	35	42	45		
MARTE	1	5	48	45	45		
MARTE	1	10	48	45	45		
MARTE	2	15	62	47	47		
MARTE	3	25	79	51	47		
MARTE	4	40	102	57	47		
NETTUNO	2	18	61	64	62	41,5	44
NETTUNO	3	25	85	64	62	65,5	44
NETTUNO	4	40	111	64	62	91,5	44
*** NETTUNO**	4	18 + 18	111	64	62	91,5	44
NETTUNO	5	50	133	64	62	113,5	44
*** NETTUNO**	5	18 + 25	133	64	62	113,5	44
NETTUNO	6	50	159	64	62	139,5	44
*** NETTUNO**	6	25 + 25	159	64	62	139,5	44
URANIA senza cald.	1	—	42	42	47	ant. 21 post. 25	31
URANIA senza cald.	2	—	64	42	47	ant. 43 post. 47	31
URANIA con caldaia	1	5	48	50	47	ant. 27 post. 31	38
URANIA con caldaia	1	10	48	50	47	ant. 27 post. 31	38
URANIA con caldaia	2	15	64	52	47	ant. 43 post. 47	41
URANIA con caldaia	3	25	81	54	47	ant. 60 post. 64	43
URANIA con caldaia	4	40	105	57	47	ant. 84 post. 88	46
*** URANIA** con caldaia	4	20 + 20	105	57	47	ant. 84 post. 88	46
URANIA con caldaia	5	50	129	57	47	ant. 108 post. 112	46
o*** URANIA** con caldaia	5	25 + 20	129	57	47	ant. 108 post. 112	46
o*** URANIA** con caldaia	5	30 + 20	129	57	47	ant. 108 post. 112	46
URANIA con caldaia	6	50	153	57	47	ant. 132 post. 136	46
*** URANIA** con caldaia	6	25 + 25	153	57	47	ant. 132 post. 136	46
o*** URANIA** con caldaia	6	30 + 30	153	57	47	ant. 132 post. 136	46
o*** URANIA** con caldaia	6	40 + 20	153	57	47	ant. 132 post. 136	46

* NB. - Le macchine contrassegnate vengono costruite con 2 caldaie indipendenti.
o NB. - Le macchine contrassegnate hanno una maggiorazione di prezzo del 5%.

MACINADOSATORI . TRITAGHIACCIO . FRULLINI . SPREMIAGRUMI . GRUPPI MULTIPLI

SEZIONE ARREDAMENTI
BANCHI BAR DI SERIE E ARREDAMENTI COMPLETI DI OPERE MURARIE

A.G.P. - Milano - Via Battaglia, 34 - tel. 24.30.20   Distrib. Aut. Quest. di Milano art. 203 P.S.

Faema, Milano. Dati tecnici dei modelli prodotti.

Faema, Milan. Technical data of the products manufactured.

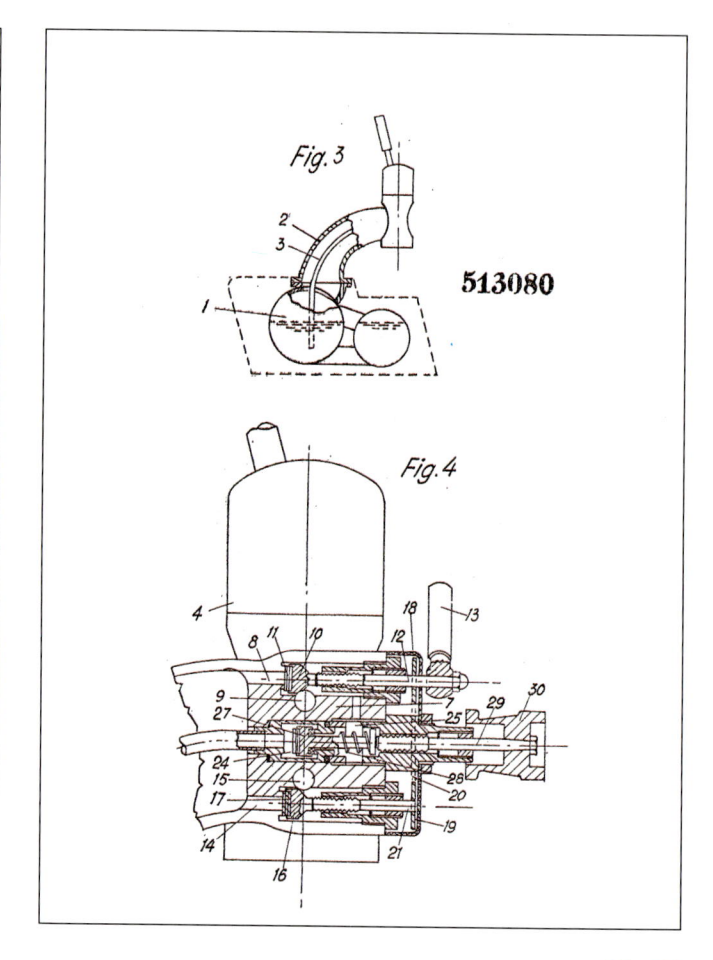

81 - 82
Faema, Milano. Disegni dei brevetti modello Nettuno.
83
Faema, Milano. Immagine pubblicitaria del modello Nettuno.

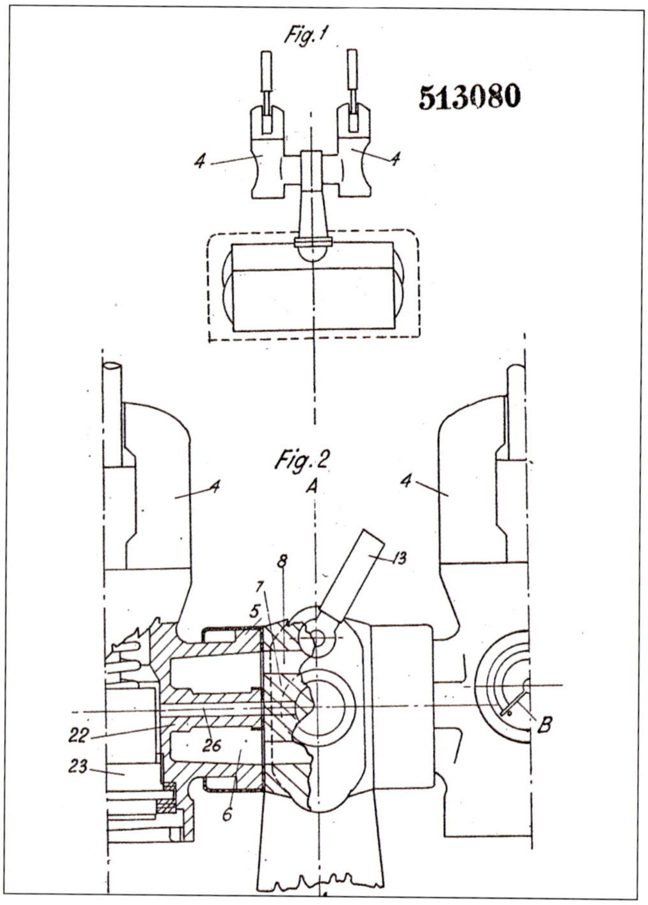

81 - 82
Faema, Milan. Drawings of the patents relating to the "Nettuno" model.
83
Faema, Milan. Advertising image of the "Nettuno" model.

84
Faema, Milano. Modello Nettuno, a sei gruppi (vedi dati tecnici di pag. 81).

Faema, Milan. The "Nettuno" model, with six groups (see technical data on pag. 81).

1950-1960

84

85

85 - 86
Faema, Milano. Modello Marte (vedi dati tecnici di pag. 81).
87
Faema, Milano. Immagine pubblicitaria del modello Marte.

85 - 86
Faema, Milan. The "Marte" model (see technical data on pag. 81).
87
Faema, Milan. Advertising image of the "Marte" model.

86

85

1950-1960

87

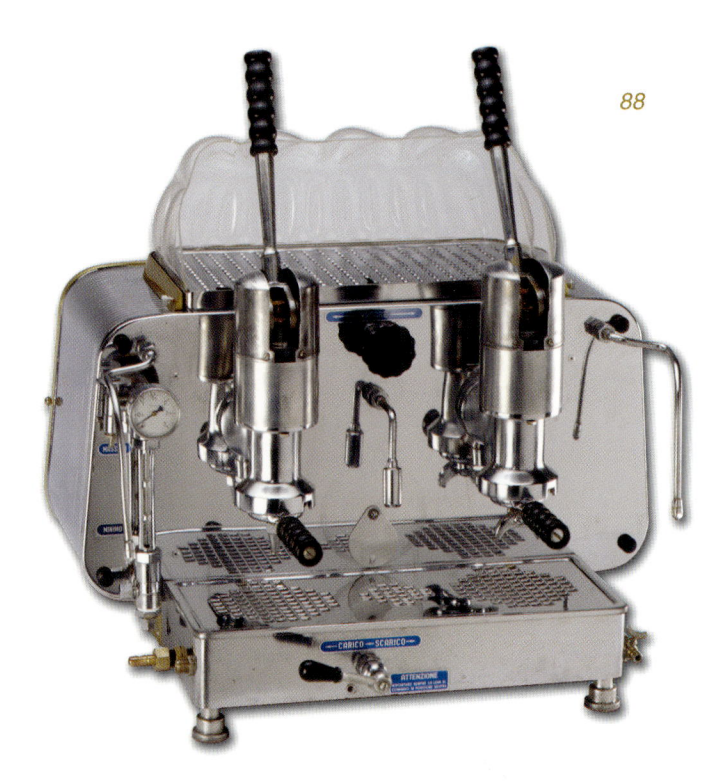

88 - 89 - 90
Faema, Milano. Modello Urania ad uno e a due gruppi (vedi dati tecnici di pag. 81).

Faema, Milan. The "Urania" model with one and two groups (see technical data on pag. 81).

1950-1960

87

90

1950-1960

91 - 92
Faema, Milano. Modello President ad un gruppo.

Faema, Milan. The "President" model with one group.

88

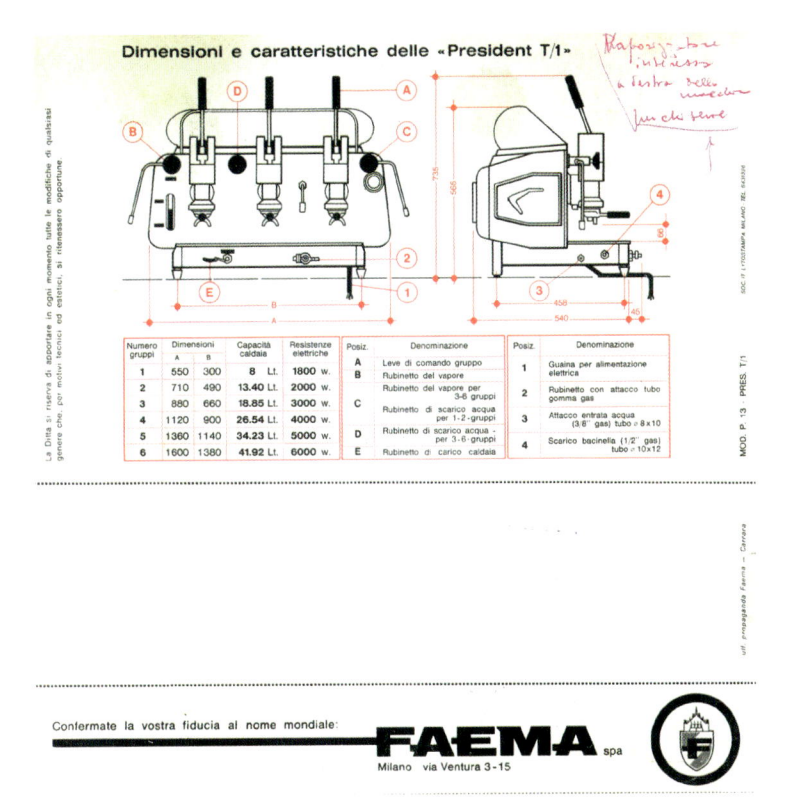

93 - 94
Faema, Milano. Modello President a quattro gruppi. Dati tecnici

Faema, Milan. The "President" model with four groups. Technical data.

95
Pubblicità Gaggia dei modelli Internazionale e Gilda.

Advertising of Gaggia for the models "Internazionale" and "Gilda".

1950-1960

91

96
Gaggia, Milano. Modello Internazionale a due gruppi.

Gaggia, Milan. The "Internazionale" model with two groups.

97
Gaggia, Milano. Modello Internazionale a due gruppi.

Gaggia, Milan. The "Internazionale" model with two groups.

GAGGIA

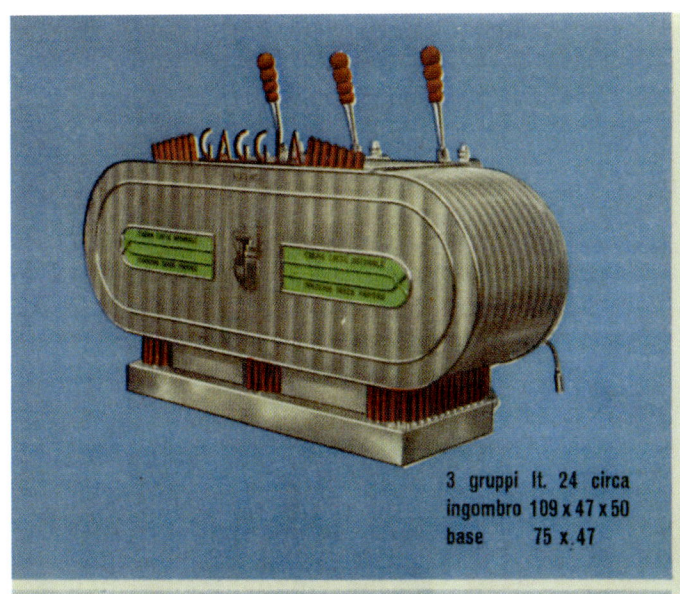

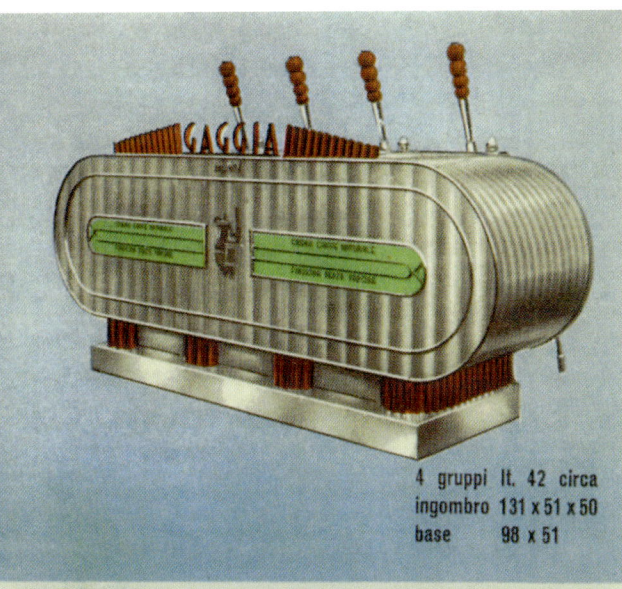

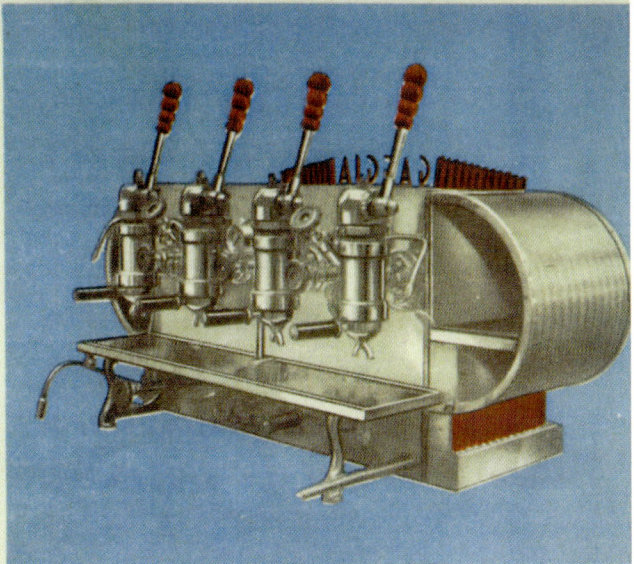

Tipo
ESPORTAZIONE

1 gruppo	litri	5 circa
1 gruppo	»	8 »
2 gruppi	»	14 »
3 gruppi	»	24 »
4 gruppi	»	42 »
6 gruppi	»	50 »

3 gruppi lt. 24 circa
ingombro 109 x 47 x 50
base 75 x 47

4 gruppi lt. 42 circa
ingombro 131 x 51 x 50
base 98 x 51

98
Gaggia, Milano. Modello Esportazione (soprannominata "Scatola di sardine"). Immagini pubblicitarie.

Gaggia, Milan. The "Esportazione" model (nicknamed as "Can of sardines"). Advertising images.

99 (pagg. 94 - 95)
Immagine pubblicitaria della gamma Gaggia.

Advertising of the models by Gaggia.

1950-1960

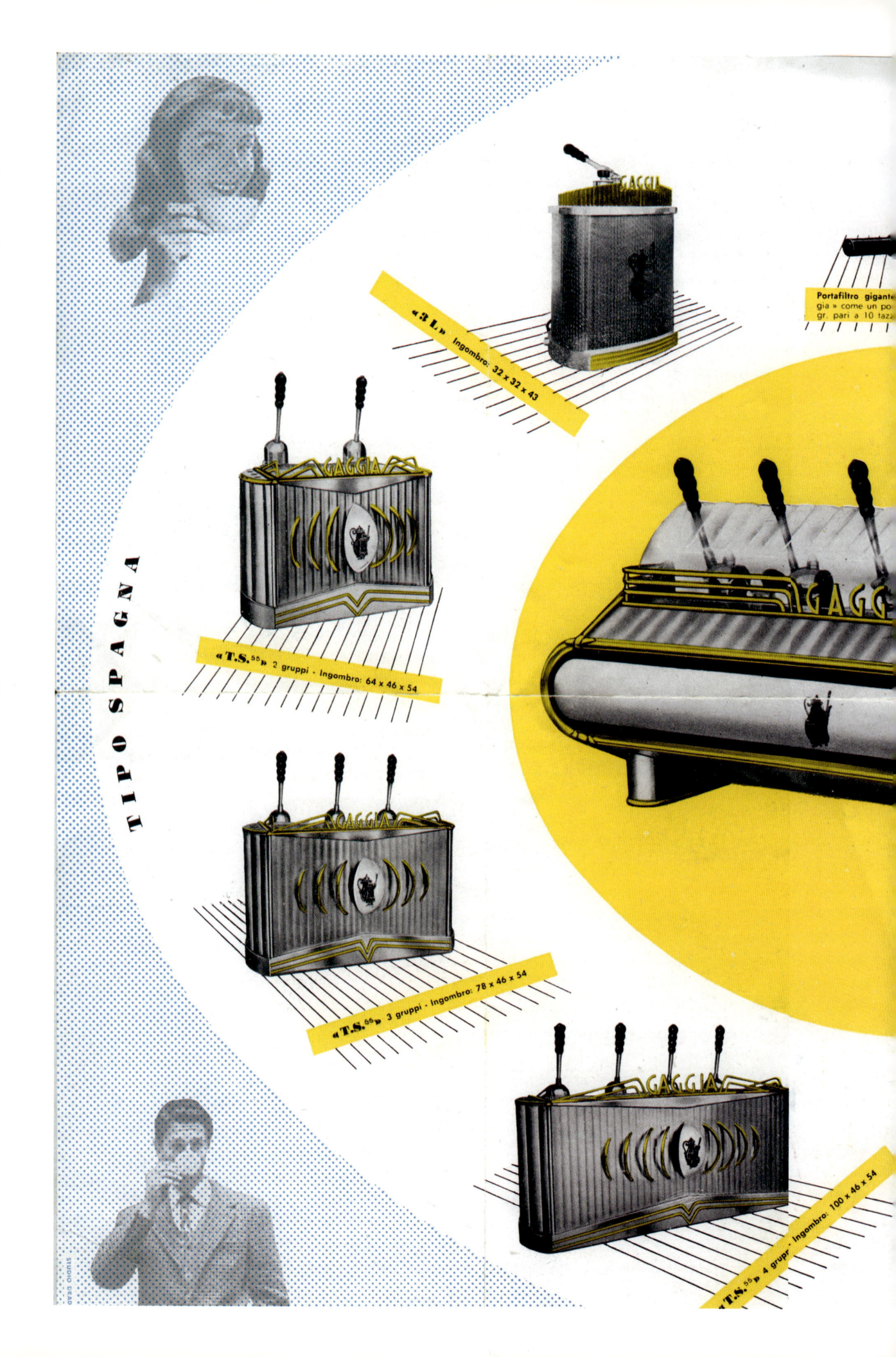

94

TIPO SPAGNA

«3 L» Ingombro: 32 x 32 x 43

Portafiltro gigante
gia » come un po
gr. pari a 10 taz

«T.S.55» 2 gruppi - Ingombro: 64 x 46 x 54

«T.S.55» 3 gruppi - Ingombro: 78 x 46 x 54

«T.S.55» 4 grupp - Ingombro: 100 x 46 x 54

1950-1960

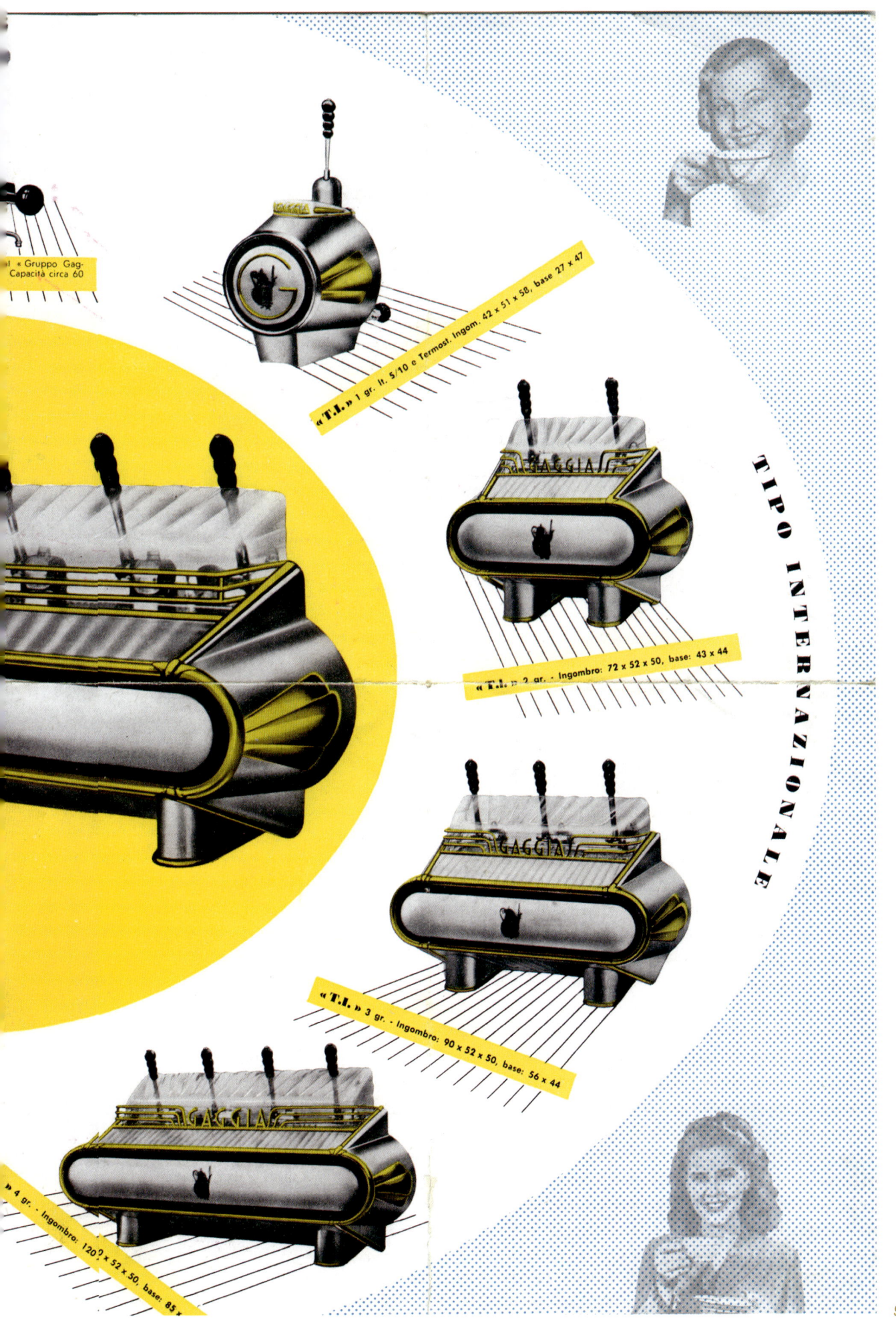

TIPO INTERNAZIONALE

«Gruppo Gag-Capacità circa 60

«T.I.» 1 gr. lt. 5/10 e Termost. Ingom. 42 x 51 x 58, base 27 x 47

«T.I.» 2 gr. - Ingombro: 72 x 52 x 50, base: 43 x 44

«T.I.» 3 gr. - Ingombro: 90 x 52 x 50, base: 56 x 44

» 4 gr. - Ingombro: 120 x 52 x 50, base: 85 x

1950-1960

TIPO C/75 **Caratteristiche:** 1 gruppo a pistone - capacità litri 7,5 ca. - Lunghezza base cm. 38 - totale cm. 50 - Larghezza base cm. 46,5 - totale cm. 53 - Altezza cm. 47 - totale cm. 60.

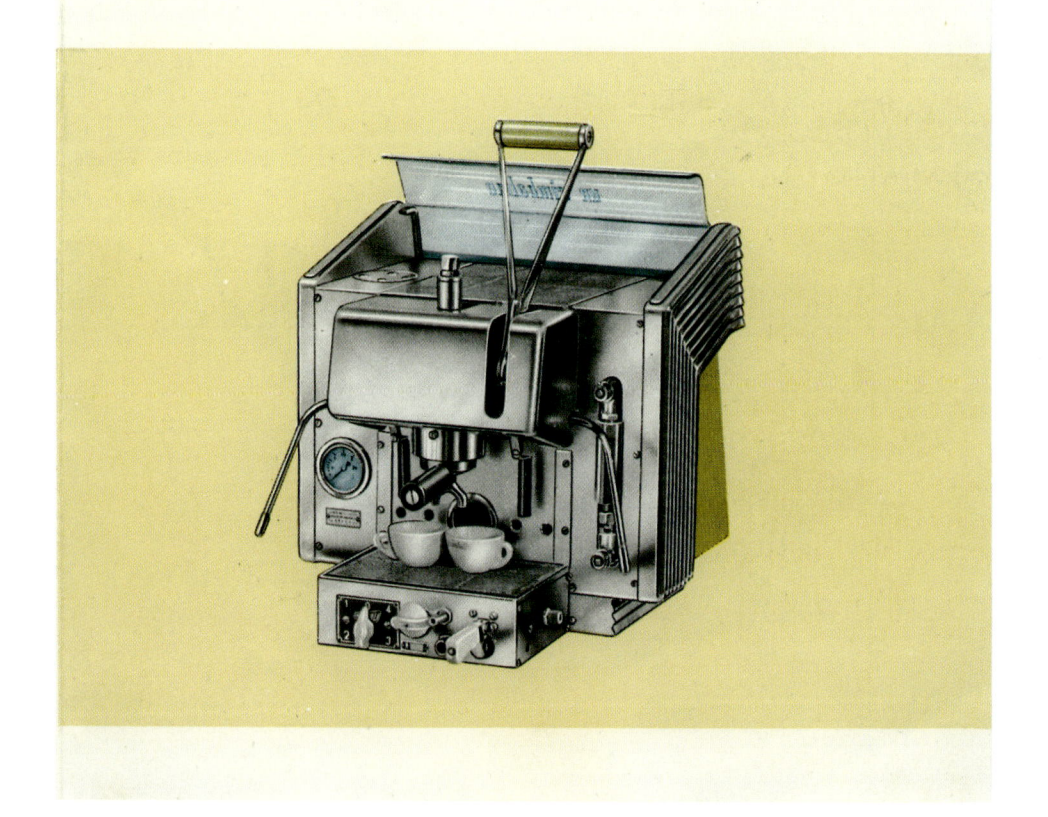

100
Cimbali modello "Gran Luce" Tipo C/75

Cimbali, model "Gran Luce" Type C/75

SERIE RUBINO TIPO C/50

Caratteristiche: 1 gruppo a pistone - capacità litri 5 ca. - Lunghezza base cm. 33 - totale cm. 39 - Larghezza base cm. 36 - totale cm. 47 - Altezza cm. 45 - totale cm. 60.

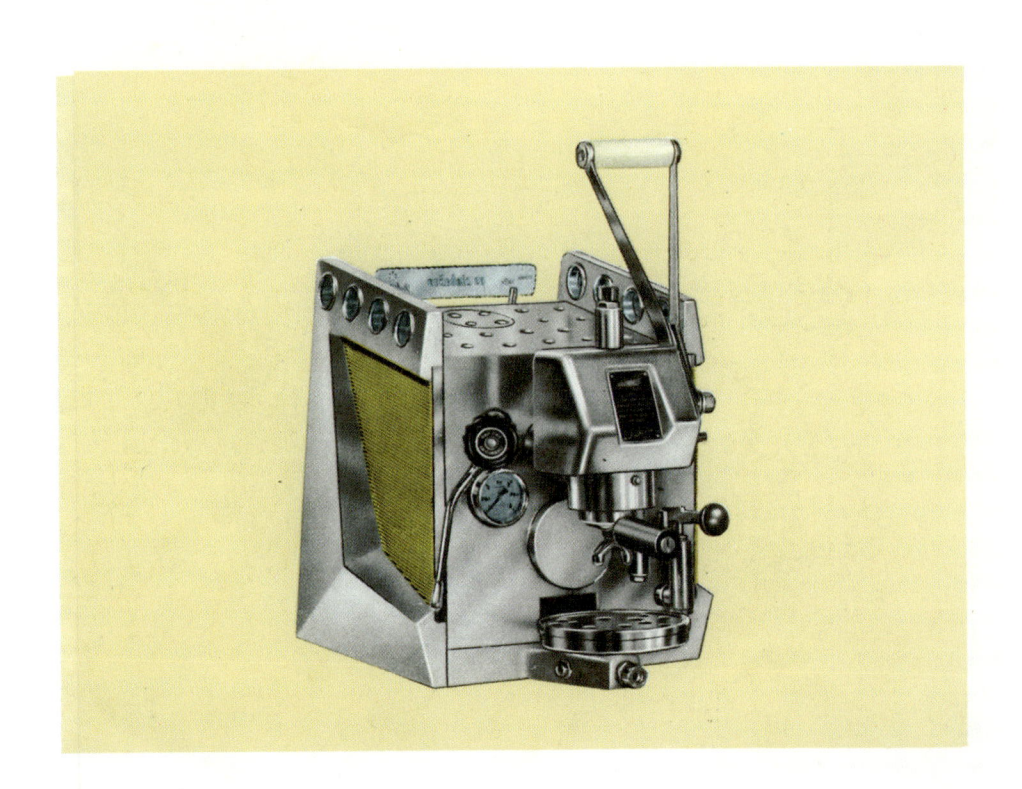

101
Cimbali modello "Rubino" Tipo C/50

Cimbali, model "Rubino" Type C/50

Macchina Crema Caffè
LA TARVISIUM

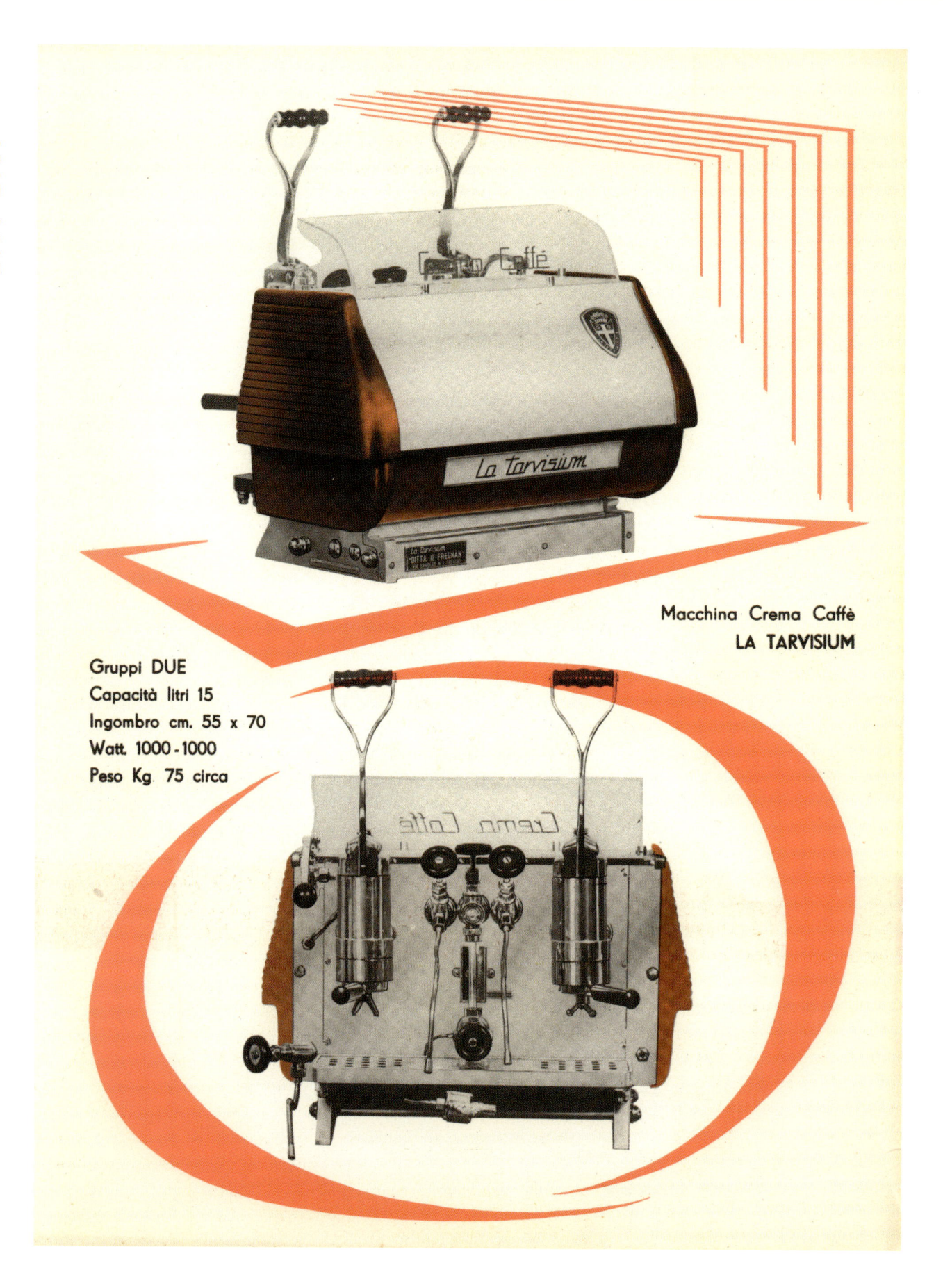

Gruppi DUE
Capacità litri 15
Ingombro cm. 55 x 70
Watt. 1000 - 1000
Peso Kg. 75 circa

102.
Elektra, Treviso. Modello a leva a due gruppi.

Elektra, Treviso. Model with lever and two groups.

1950-1960

Il signor Fregnan fonda la ditta La Tarvisium Elektra nel 1947 a Treviso. Successivamente, pur mantenendo la stessa proprietà, il nome dell'azienda si trasformerà in Elektra.

Mr Fregnan founded the company named La Tarvisium Elektra in 1947 in Treviso. Though maintaining the same property, the name of the company turned into Elektra.

103

104

103
Logo Elektra.
104
Immagine dell'officina dello Stabilimento.

103
Logo Elektra.
104
Image of the workshop of the Company.

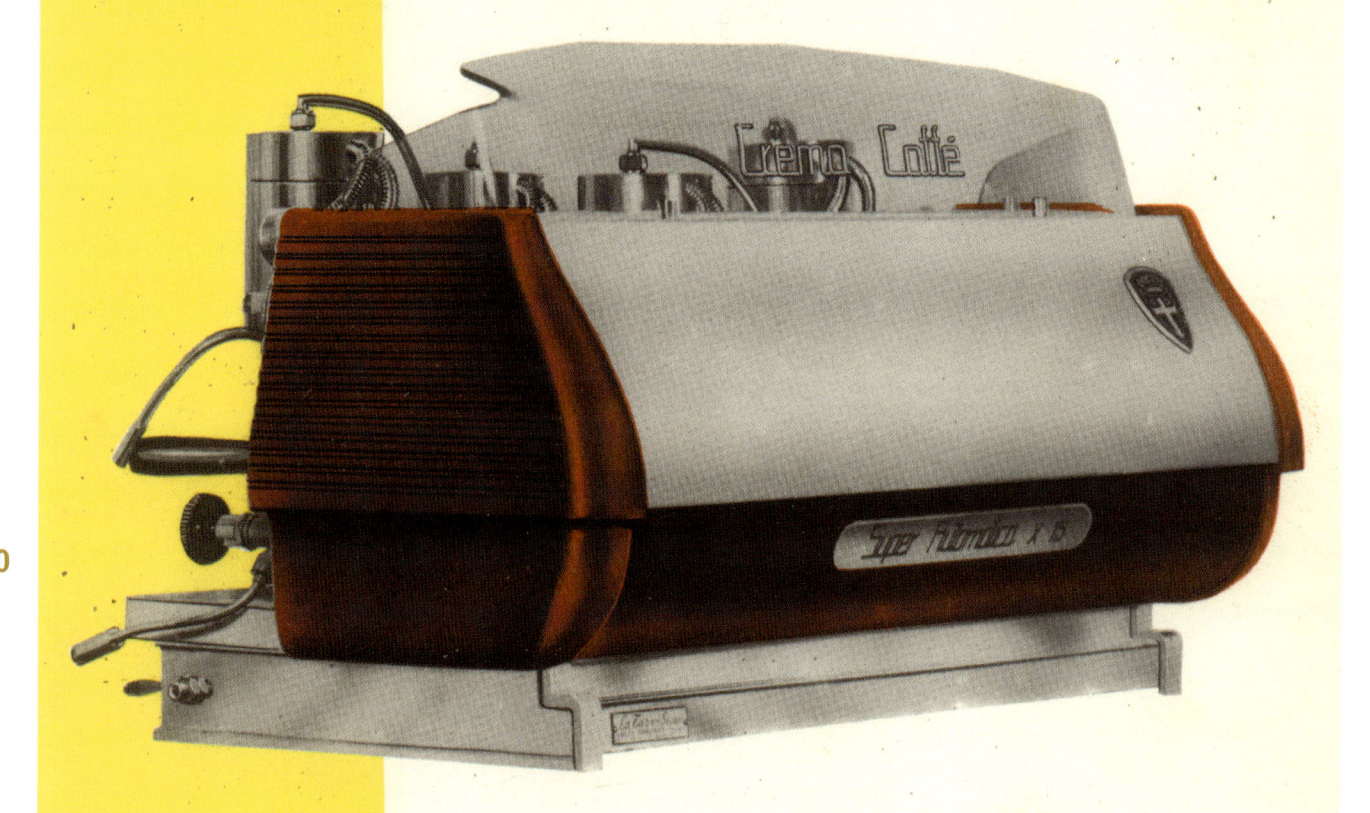

105
Elektra, Treviso. Modello Super automatica a quattro gruppi.

Elektra, Treviso. The automatic "Super" model with four groups.

Macchina Crema Caffè
Super automatica X 15

Descrizione del gruppo automatico

Studiato appositamente per esercizi con forte lavoro o con punte di lavoro elevate, autoindipendente da manovre durante tutta la fase di preparazione ed espulsione dell'infuso.

Permette così all'operatore di svolgere altre mansioni durante la preparazione del caffè che riuscirà costante e **regolare nella qualità indipendentemente sia dall'operatore che dal numero dei caffè prodotti**.

Esso elimina completamente il caffè poco curato ed in special modo "BRUCIATO" per l'eccessivo lavoro dei gruppi, essendo stato creato con autoraffreddamento proporzionato al lavoro.

Infatti, il presente gruppo è diviso in due parti, nelle quali, il pistone differenziale superiore di compressione è **azionato ad acqua potabile**.

Pertanto, quanto più il gruppo lavora, tanto più vi sarà circolazione di acqua fredda che eliminerà l'eccessivo calore.

Quando il gruppo è fermo non vi è nessuna circolazione e perciò nessun raffreddamento.

Ogni gruppo può preparare uno o due caffè, basterà applicare il filtro adatto.

Il funzionamento è semplicissimo: premendo la levetta, il gruppo effettuerà l'infusione, arrestandosi automaticamente alla fine della preparazione.

Nella costruzione abbiamo scelto con ogni cura materiali pregiati, infatti il cilindro superiore e quello inferiore sono incamiciati con acciaio inossidabile al **nichel cromo**.

La lavorazione accuratissima ed un collaudo severo ci permettono di dare una assoluta garanzia.

Macchina fornita completa di: Livellatore automatico dell'acqua; Regolatore automatico di Corrente e di Regolatore automatico del Gas (oppure Gas liquido).

1950-1960

107
Foto d'epoca macchina per caffè Victoria Adruino modello "Supervat".

Vintage photograph of the Victoria Arduino, model "Supervat".

102

108
Foto d'epoca (con modello soprannominato "Lollobrigida" de La San Marco, Udine).

Vintage photograph (Model named "Lollobrigida" by La San Marco, Udine).

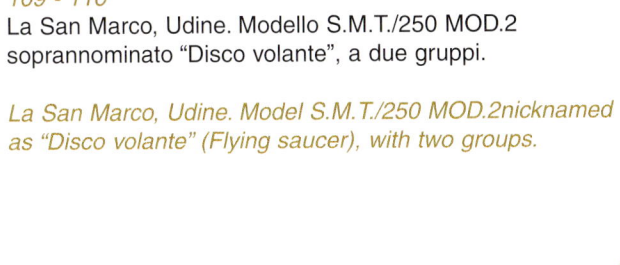

109 - 110
La San Marco, Udine. Modello S.M.T./250 MOD.2 soprannominato "Disco volante", a due gruppi.

La San Marco, Udine. Model S.M.T./250 MOD.2 nicknamed as "Disco volante" (Flying saucer), with two groups.

1950-1960

111 - 112
La San Marco, Udine. Modello a due gruppi.

La San Marco, Udine. Two-groups model.

1950-1960

105

113 - 114
Eterna, Pavia. Modello ad un gruppo.

Eterna, Pavia. One-group model.

1950-1960

115
La Cimbali, Milano. Modello Rubino ad un gruppo.

La Cimbali, Milan. The "Rubino" model with one group.

"LA PAVONI 55"

Eleganza sobria	Forme élégante et sobre	Quiet elegance	Vornehme Eleganz	Sobria elegancia
Perfezione di stile	Style harmonieux	Perfection of style	Vollkommener Stil	Perfección de líneas
Praticità massima	Service facile	Easy to handle	Höchste Bequemlichkeit	Máxima comodidad
Semplicità di funzionamento	et fonctionnement simple	Simple design	Einfache Arbeitsweise	Sencillez de funcionamiento
Accurata selezione	Matériaux utilisés	Manufactured from best	Sorgfältige Auswahl des	Cuidadosa selección
dei materiali impiegati	soigneusement sélectionnés	quality non corroding materials	verwendeten Materials	de los materiales

La Pavoni, Milano. Mod. 55 (studio Ponti, Fornaroli, Rosselli).

La Pavoni, Milano. Mod. 55 by studio Ponti, Fornaroli, Rosselli.

1950-1960

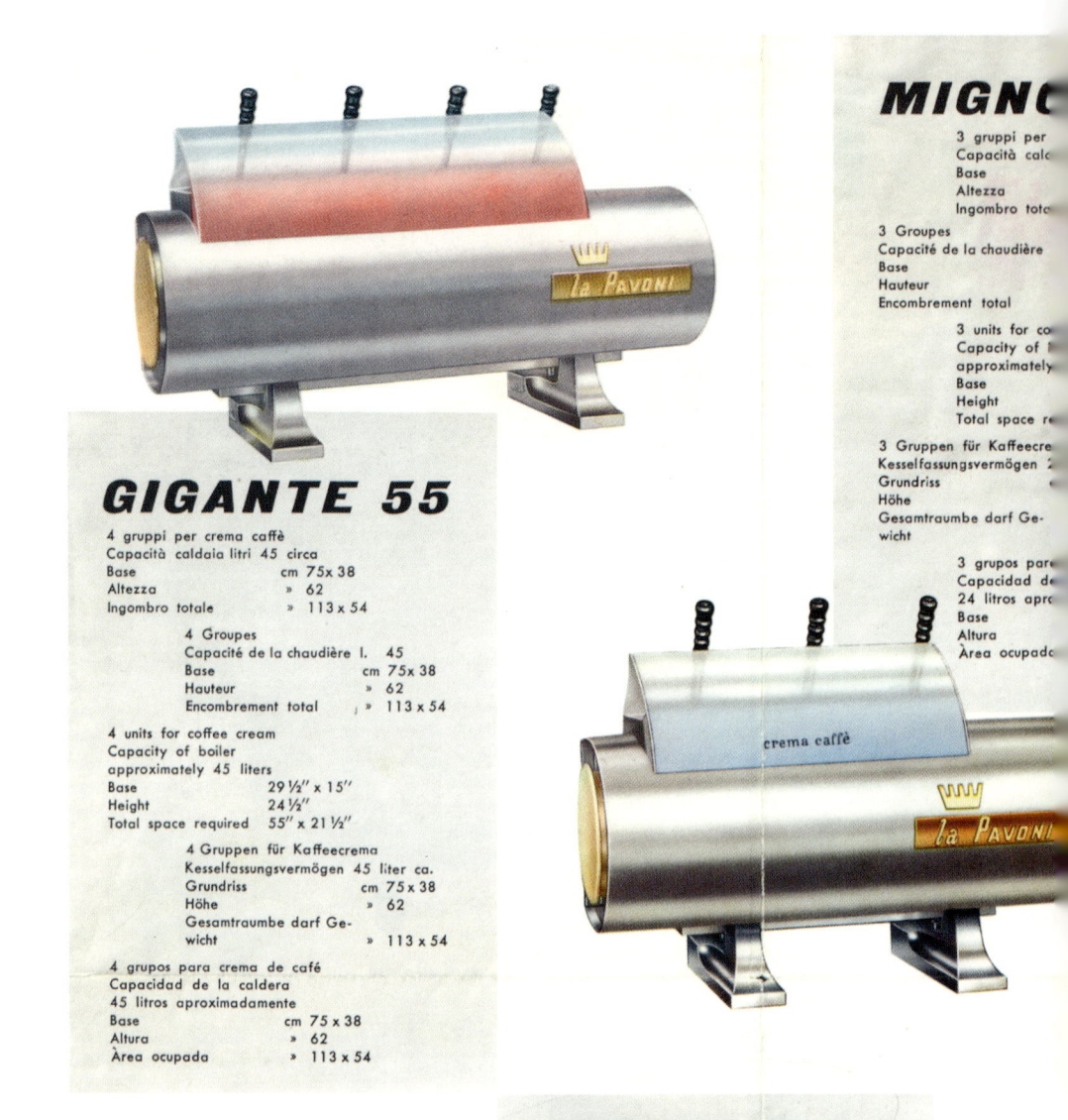

GIGANTE 55

4 gruppi per crema caffè
Capacità caldaia litri 45 circa
Base   cm 75 x 38
Altezza   » 62
Ingombro totale   » 113 x 54

4 Groupes
Capacité de la chaudière l. 45
Base   cm 75 x 38
Hauteur   » 62
Encombrement total   » 113 x 54

4 units for coffee cream
Capacity of boiler
approximately 45 liters
Base   29 ½" x 15"
Height   24 ½"
Total space required   55" x 21 ½"

4 Gruppen für Kaffeecrema
Kesselfassungsvermögen 45 liter ca.
Grundriss   cm 75 x 38
Höhe   » 62
Gesamtraumbe darf Gewicht   » 113 x 54

4 grupos para crema de café
Capacidad de la caldera
45 litros aproximadamente
Base   cm 75 x 38
Altura   » 62
Àrea ocupada   » 113 x 54

MIGNO[N]

3 gruppi per
Capacità cald
Base
Altezza
Ingombro tot

3 Groupes
Capacité de la chaudière
Base
Hauteur
Encombrement total

3 units for co
Capacity of
approximately
Base
Height
Total space r

3 Gruppen für Kaffeecre
Kesselfassungsvermögen
Grundriss
Höhe
Gesamtraumbe darf Gewicht

3 grupos par
Capacidad de
24 litros apro
Base
Altura
Àrea ocupad

LILLIPUT 55

2 gruppi per crema caffè
Capacità caldaia litri 15 circa
Base   cm 46 x 38
Altezza   » 62
Ingombro totale   » 72 x 54

2 Groupes
Capacité de la chaudière l. 15
Base   cm 46 x 38
Hauteur   » 62
Encombrement total   » 72 x 54

2 units for coffee cream
Capacity of boiler
approximately 15 liters
Base   18" x 15"
Height   24 ½"
Total space required   28 ½" x 21 ½"

2 Gruppen für Kaffeecrema
Kesselfassungsvermögen 15 liter ca.
Grundriss   cm 46 x 38
Höhe   » 62
Gesamtraumbe darf Gewicht   » 72 x 54

2 grupos para crema de café
Capacidad de la caldera
15 litros aproximadamente
Base   cm 46 x 38
Altura   » 62
Àrea ocupada   » 72 x 54

117
Depliant pubblicitario La Pavoni,
Milano

Advertising of La Pavoni, Milano

BABY 10|2

2 gruppi per crema caffè
Capacità caldaia litri 10 circa
Base   cm 39 x 37
Altezza   » 52
Ingombro totale » 43 x 50

2 Groupes
Capacité de la chaudière l. 10
Base   cm 39 x 37
Hauteur   » 52
Encombrement total » 43 x 50

2 units for coffee cream
Capacity of boiler
approximately 10 liters
Base   15½" x 14½"
Height   20½"
Total space required 17" x 20"

2 Gruppen für Kaffeecrema
Kesselfassungsvermögen 10 liter ca.
Grundriss   cm 39 x 37
Höhe   » 52
Gesamtraumbe darf Ge-
wicht   » 43 x 50

2 grupos para crema de café
Capacidad de la caldera
10 litros aproximadamente
Base   cm 39 x 37
Altura   » 52
Àrea ocupada   » 43 x 50

BABY 5-10|1

1 gruppo per crema caffè
Capacità caldaia litri 5 o 10 circa
Base   cm 39 x 37
Altezza   » 52
Ingombro totale » 43 x 50

1 Groupe
Capacité de la chaudière l. 5 ou 10
Base   cm 39 x 37
Hauteur   » 52
Encombrement total » 43 x 50

1 unit for coffee cream
Capacity of boiler
approximately 5 - 10 liters
Base   15½" x 14½"
Height   20½"
Total space required 17" x 20"

1 Gruppe für Kaffeecrema
Kesselfassungsvermögen
5 oder 10 liter ca.
Grundriss   cm 39 x 37
Höhe   » 52
Gesamtraumbe darf Ge-
wicht   » 43 x 50

1 grupo para crema de café
Capacidad de la caldera
5-10 litros aproximadamente
Base   cm 39 x 37
Altura   » 52
Àrea ocupada   » 43 x 50

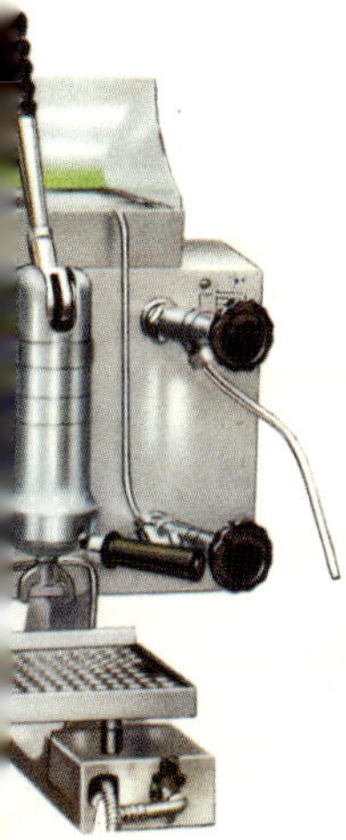

118

118
La Pavoni, Milano. Modello 54 (studio Gio Ponti e Alberto Rosselli), ad un gruppo

La Pavoni, Milan. The model 54 (by Gio Ponti and Alberto Rosselli's laboratory), with one group.

119
Scheda tecnica tratta dal catalogo La Pavoni, Milano.

Technical fiche taken from the catalogue of La Pavoni, Milan.

NOMENCLATURA

1. Beccuccio
2. Portafiltro
3. Rondella manopola portafiltro
4. Manopola portafiltro
5. Grower e vite ferma manopola
6. Filtro porta caffè
7. Guarniz. portafiltro
8. Doccia
9. Corpo
10. Ghiera di bloccaggio
11. Rubinetto intercettatore
12. Coprisnodo
13. Viti bloccaggio cuscinetti
14. Cuscinetti a sfere
15. Eccentrico
16. Supporto eccentrico
17. Guarniz. premistoppa
18. Dado premistoppa
19. Molla
20. Spina eccentrico 24 mm
21. Biella snodo
22. Spina tirante centrale 20 mm.
23. Tirante centrale
24. Stantuffo
25. Guarnizioni stantuffo
26. Leva di manovra
27. Manopola leva manovra

NOMENCLATURE

1. Bec
2. Porte-filtre
3. Rondelle poignée porte-filtre
4. Poignée du porte-filtre
5. Grower et vis fixe-poignée
6. Filtre porte-café
7. Garniture porte-filtre
8. Douche
9. Corps
10. Collier de serrage
11. Robinet d'arrêt
12. Garniture tête du groupe
13. Vis de serrage des coussinets
14. Coussinets à billes
15. Excentrique
16. Support excentrique
17. Garnit. presse-étoupe
18. Ecrou presse-étoupe
19. Ressort
20. Cheville excent. 24 mm.
21. Bielle articulation
22. Cheville pour tirant central
23. Tirant central
24. Piston
25. Garnitures du piston
26. Levier de manoeuvre
27. Poignée du levier de manoeuvre

LIST OF COMPONENTS

1. Nozzle
2. Filter-holder
3. Washer for filter-holder handle
4. Handle of filter-holder
5. Washer and locking screw for handle
6. Coffee-filter
7. Gasket for filter-holder
8. Filter plate
9. Body
10. Locking ring
11. Valve of unit
12. Joint cover
13. Locking screws for ball-bearings
14. Ball-bearings
15. Cam
16. Cam bracket
17. Sealing gasket
18. Sealing nut
19. Spring
20. Cam pin 24 mm.
21. Connecting rod of joint
22. Stay rod pin
23. Central stay rod
24. Piston
25. Piston gaskets
26. Operating lever
27. Handle of operating lever

VERZEICHNIS

1. Auslauf
2. Filterträger
3. Belagscheibe für Filterträgergriff
4. Filterträgergriff
5. Führung und Schrauben zur Befestigung des Handgriffes
6. Kaffeesieb
7. Filterträgerdichtung
8. Brausesieb
9. Gruppenkörper
10. Feststellring
11. Absperrhahn
12. Gruppenabdeckhaube
13. Fixierbolzen der Lager
14. Kugellager
15. Exzenter
16. Exzenterträger
17. Stopfbüchse
18. Mutterschraube der Stopfbüchse
19. Feder
20. Exzenterstift 24 mm
21. Gelenkstück
22. Bolzen für Kolbenstange 20 mm
23. Kolbestange
24. Kolben
25. Kolbenringe
26. Bedienungshebel
27. Bedienungshebelgriff

DESPIECE DEL GRUPO

1. Pico de salida del café
2. Portafiltro
3. Arandela para mango portafiltro
4. Mango del portafiltro
5. Grower y tornillo sujeta-mango
6. Filtro porta-café
7. Junta del portafiltro
8. Rejilla
9. Cuerpo del grupo
10. Tuerca de blocaje
11. Grifo de cierre
12. Protector de la articulación
13. Tornillos para blocaje rodamientos
14. Rodamientos de bolas
15. Excéntrica
16. Soporte excéntrica
17. Junta prensaestopas
18. Tuerca prensaestopas
19. Muelle
20. Enchufe excéntrico 24 mm
21. Vara de articulación
22. Enchufe tirante central
23. Tirante central
24. Pistón
25. Aros de retención del pistón
26. Palanca de maniobra

Grande concorso La Pavoni
organizzato dalle riviste" Domus", "Casabella", "Stile industria"
per la progettazione di una macchina per caffè La Pavoni.

1. 500.000 lire di premi.   Primo premio UN MILIONE

Motivi ed importanza del concorso: La Pavoni è una delle prime industrie italiane che ha promosso una nuova estetica nella produzione e che dal 1940, nella realizzazione di tutti i suoi modelli, ha affidato alla collaborazione di artisti e di tecnici di valore la ricerca di una linea consona alle nuove esigenze d'uso e di ambientazione. Prende nuovamente l'iniziativa in questo settore con un grande concorso, aperto a tutti gli artisti, architetti e disegnatori industriali italiani.
La PAVONI, continuando ed allargando i principî generali del disegno, che hanno affermato la produzione e la linea delle proprie macchine in Italia ed all'estero, affida ai tecnici ed agli artisti più qualificati la risoluzione dei temi nuovi della più moderna macchina per caffè.

Invito: Il significato del concorso, il primo in Italia sul tema della macchina, va particolarmente messo in evidenza. Se da una parte l'esigenza di un nuovo e più qualificato disegno delle macchine e delle produzioni industriali è ormai anche nel nostro Paese generalmente sentito, non sempre le realizzazioni hanno condotto a risultati soddisfacenti. Specie nel settore delle macchine per caffè, la ricerca di una nuova linea si manifesta spesso attraverso forme di decorazione incontrollate e lontane dalla vera natura del problema più serio e completo del disegno della macchina. Come nelle realizzazioni più belle ed autorevoli della industria italiana, che hanno portato all'estero l'affermazione di quei principî di nobiltà ed essenzialità di disegno che distinguono la nostra "linea", anche nel settore delle macchine per caffè, si vuole promuovere, in accordo con parte della produzione migliore, un più chiaro e qualificato indirizzo tecnico – estetico.
Non si vuole, quindi, porre il problema sul solo fattore estetico e decorativo, ma contemporaneamente su altri ugualmente importanti e collegati alla forma della macchina: una più precisa funzionalità dell'insieme, la migliore disposizione di comandi e degli apparecchi di controllo, la facilità della pulizia, la migliore utilizzazione degli spazi con ingombri non eccessivi. Dal punto di vista della lavorazione e della produzione, si vuole particolarmente far presenti le esigenze collegate ad una necessaria produzione di serie che comportano un facile e rapido montaggio dei pezzi, il minor numero di stampi, la giunzione più semplice degli elementi alla struttura vera e propria della macchina, l'eliminazione di costose rifiniture dopo il montaggio, l'utilizzazione di materiali adatti al genere di lavorazione e corrispondenti, per funzionalità ed estetica, al miglior risultato che si vuol conseguire.
Il problema del disegno della macchina risulta, come in molti altri casi, collegato ai fattori tecnici e produttivi, entro il programma della ricerca di una linea esteticamente superiore che è il fine più alto di questo concorso.
Oggetto del concorso: I concorrenti presenteranno un progetto per le nuove macchine per caffè espresso "LA PAVONI". Ogni progetto dovrà comprendere una prospettiva a colori (in scala 1:10) ed in tavole separate sezioni e particolari (anche in scala diversa). Tutti i disegni debbono avere le misure di cm. 100 di base e cm. 70 di altezza e debbono essere presentati su supporto rigido di cartone o compensato o masonite.

Prescrizioni tecniche e particolari costruttivi che devono essere rispettati:
Riscaldamento
Deve essere elettrico, o a gas, o a gas liquido.

Illuminazione
Usata come elemento decorativo nella parte anteriore.

Aereazione
Studiata in maniera da evitare un super riscaldamento delle pareti esterne.

Involucro
Deve consentire un facile smontaggio. Eventualmente, se non tutto asportabile, perlomeno con fianchetti smontabili.
La costruzione esterna va concepita seguendo il concetto di permettere, attraverso la giunta di vari tronchi, la realizzazione di un involucro esterno per macchine di diverse capacità da uno a sei gruppi.

Ingombro
Ridotto al minimo e facente base su piedini di gomma o altro materiale isolante.

Resistenze elettriche, valvole di sicurezza, fornello a gas
Sistemati in posizione di massima accessibilità.

Misure
Rispettare quelle indicate in questo disegno, anche per le caldaie e le tubazioni provenienti dall'esterno. A queste prescrizioni desideriamo aggiungere alcune raccomandazioni di carattere generale da tenere presente nell'esecuzione del progetto, quali la facilità di lavorazione, di montaggio, l'adozione di guarniture di lusso che applicate al tipo standard ne accrescono l'appariscenza; la marca Pavoni può essere parte integrante di questo gioco decorativo.

Partecipazione
Sono ammessi al concorso tutti gli architetti, ingegneri, artisti e disegnatori industriali di nazionalità italiana. I concorrenti possono presentare, separatamente anche più progetti.

Termine
Gli elaborati, contrassegnati da una sigla o da un motto, debbono essere consegnati alla Sede della ditta La Pavoni in Milano – Via Archimede, 26 – entro le ore 18 del 15 settembre 1956. In busta chiusa, contrassegnata dalla stessa sigla o motto, deve essere unito un elenco degli elaborati e dei documenti che vengono presentati e che devono portare ciascuno chiaramente, con un timbro o per iscritto, nome cognome, indirizzo dell'autore e le più chiare didascalie.

Premi
Entro il 15 ottobre 1956, la Giuria a maggioranza, assegnerà i premi.
1° Premio Lire 1.000.000
2° Premio Lire 300.000
3° Premio Lire 200.000
Notizia dei premi assegnati verrà data dalla stampa quotidiana, mentre l'illustrazione dei progetti prescelti avverrà sulle riviste DOMUS, CASABELLA e STILE INDUSTRIA.

Giuria
Antonio Pavoni
Dr. Gianni Mazzocchi
Arch. Prof. Melchiorre Bega
Arch. Prof. Gio Ponti
Arch. Alberto Rosselli
Marcello Pedone
Antonio Spadaccini

La PAVONI si riserva il diritto di acquistare anche progetti non premiati.
La PAVONI si riserva il diritto di allestire una esposizione anche in più città dei progetti partecipanti al concorso dopo le decisioni della Giuria.
I progetti non premiati e non acquistati dovranno essere ritirati, a cura dei concorrenti, entro il 30 dicembre 1956 alla Sede della ditta La PAVONI.
Gli originali non ritirati verranno distrutti.
Con la partecipazione al concorso, il concorrente ne accetta esplicitamente tutte le norme esposte nel bando. Per tutte le eventuali delucidazioni o schiarimenti tecnici, rivolgersi a:
La Pavoni – Milano – Via Archimede, 26.

120
Schema allegato

Plan attached

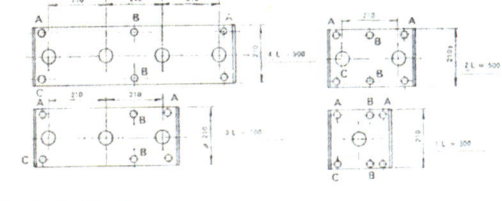

Great Contest of La Pavoni
arranged by "Domus", "Casabella" and "Stile Industria"
for the design of a coffee machine for La Pavoni

Prize money: L. 1,500,000   first prize A MILLION

Purposes and importance of the contest: La Pavoni is one of the greatest Italian industries which has promoted a new aesthetics for production and which, since 1940, in the realization of its portfolio of products, has assigned prestigious artists and technicians the research of a line in accordance with the new usage needs and the new decorative purposes. The company is now starting a new initiative in this sector by instituting a great contest, open to all Italian artists, architects and industrial designers.

Invitation: The intention of this competition, the first in Italy about the theme of the coffee machine, is to be clearly specified. Even though the need for a new and more qualified machine design and industrial production can now also be ascertained in our Country, up to now the products have not always been considered as satisfying. Especially in the coffee machine industry, the research for a new line of production often implies uncontrolled decorative forms, too far away from the real nature of a more serious and complex industrial design. As in the most beautiful and important creations of Italian industry, which have exported abroad those noble and essential principles of design characterizing also our production, we intend to promote and define, even in the coffee machine sector, a clearer and more qualified technical-aesthetic trend, with respect to our best production.
It is not our intention, therefore, to insist only on the aesthetic and decorative issue, but on other similarly important problems, regarding the machine shape: a more precise functionality of the whole, a better disposition of the controls and control devices, an easier cleaning maintenance, a better utilization of space with smaller dimensions. With respect to the workmanship and manufacturing, it is our desire to meet the needs of mass-production, requiring an easy and fast assembling, a reduced number of forging dies, an easier junction and connection of each single parts with the main body, the elimination of the costly finishings, the use of appropriate materials, in terms of functionality and aesthetics, in consideration of the target product.
The problem of the machine design, as in many other cases, is due to a series of technical and manufacturing factors, within a research program aimed at finding and defining an aesthetic line of products.

Contest object: Candidates shall present a project for a new espresso machine for "La Pavoni". Each project shall contain a perspective table in colour (with scale 1:10) and, in separate tables, other sections and details (different scales are admitted). All drawings shall be cm. 100 wide and cm. 70 high and shall be handed in cardboard or plywood or masonite boards.

Technical instructions and specifications to be followed:

Heating system
Electric or gas or liquid gas

Lighting
As a decorative element on the frontal section.

Aeration
Designed to avoid a superheating of the external parts

Covering
An easy disassembly should be permitted. If not completely, lateral parts should be at least removable.
The exterior should be conceived as allowing, by adding other arms, the realization of an external covering suitable for machines of different capacities, from one to six cup groups.

Volume
Volume should be reduced at the minimum and with a base of feet in rubber or in other insulating materials

Electrical resistances, safety valves and gas firebox
All positioned in an easily accessible location

Dimensions
The dimensions reported in this drawing should be followed, also with respect to the external boilers and the pipes from outside.

To these main recommendations, we would like to add some general guidelines to be respected during the manufacturing. In particular, an easy manufacturing process and assembly, the use of luxury trimmings which applied to a standard model improve its appearance; La Pavoni trademark can also be used in the decoration.

Participation
All architects, engineers, artists and industrial designers of Italian nationality can participate. Candidates have the possibility of presenting, separately, other projects.

Term
The works, labelled with an abbreviation or slogan, shall be shipped to the headquarters of La Pavoni in Milan – Via Archimede, 26 – by 6 pm of 15th September 1956. In a sealed envelope, labelled with the same abbreviation or slogan, a list of the works and documents presented by the candidate shall be included, each reporting, stamped or written, the candidate's name, surname, address and captions.

Prize
Before 15th October 1956, the Commission by a majority will grant the following prizes:

1st Prize   ITL.   1,000,000
2nd Prize   ITL.   300,000
3rd Prize   ITL.   200,000

The results of the competition will be published by the daily press, while the selected projects will be presented and described by the magazines Domus, Casabella and Stile Industria.

Members of the Commission
Antonio Pavoni
Dr. Gianni Mazzocchi
Arch. Prof. Melchiorre Bega
Arch. Prof. Gio Ponti
Arch. Alberto Rosselli
Marcello Pedone
Antonio Spadaccini

La Pavoni reserves the right to purchase also the projects not awarded.
La Pavoni reserves the right to arrange an exhibition of the candidate projects in more locations after the Commission's decision.
The projects not awarded and not purchased shall be collected by the candidates within 30th December 1956 at the headquarters of La Pavoni.
The works not collected will be destroyed.
With the participation into the contest, the candidate agrees to explicitly accept all the rules of the notice.

For further information or technical explanations, please contact: La Pavoni, Via Archimede 26, Milan.

121
La Pavoni, Milano. Modello Concorso (soprannominato "Diamante"), a 3 gruppi, di Enzo Mari e Bruno Munari.

La Pavoni, Milan. The "Concorso" model (lately named as "Diamante"), with 3 units, by Enzo Mari and Bruno Munari.

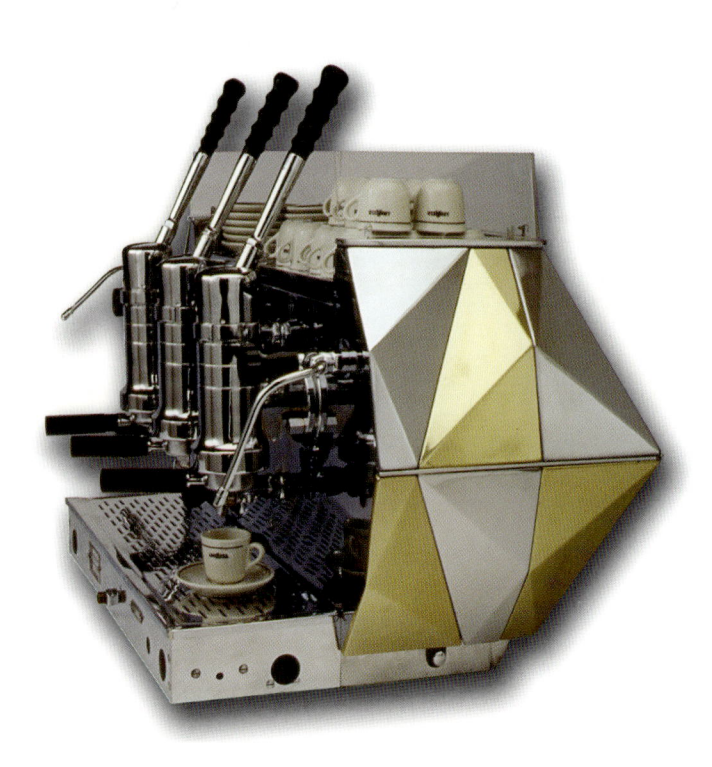

concorso 1 Gruppo

concorso 2 Gruppi

concorso 3 Gruppi

concorso 4 Gruppi

122
La Pavoni modello "Concorso" a 1, 2, 3 e 4 gruppi.

La Pavoni model "Concorso" with 1, 2, 3 or 4 groups.

1950-1960

116

123 - 124
Rancilio, Milano. Modello Ducale a due gruppi.

Rancilio, Milan. The "Ducale" model with two groups.

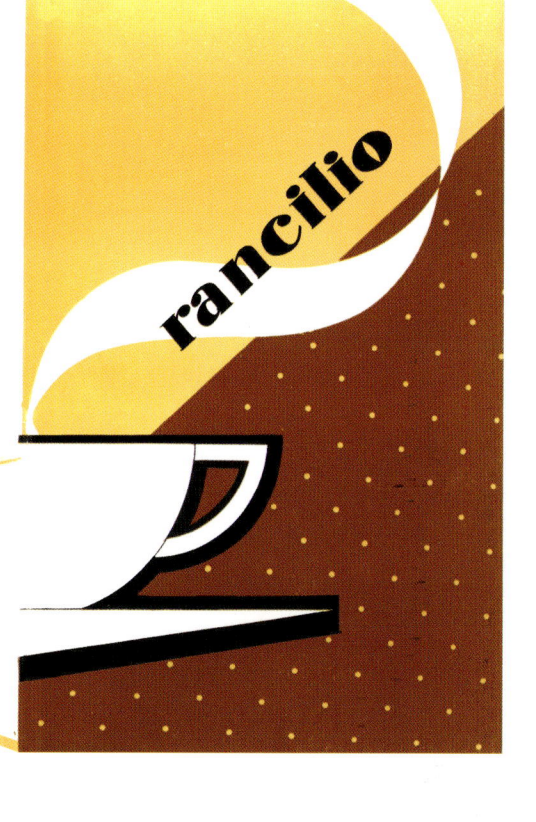

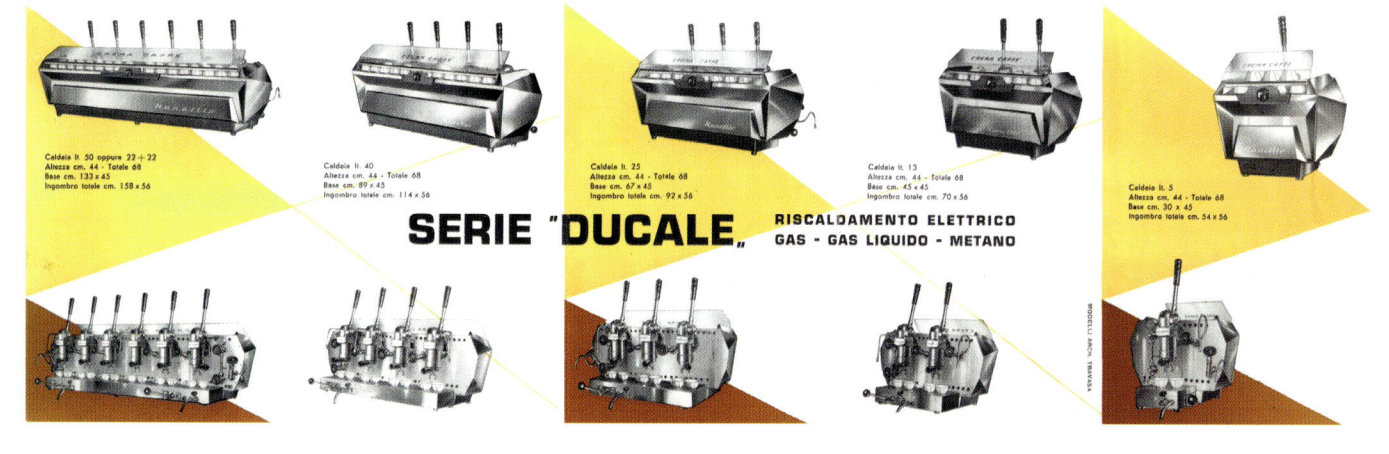

125 - 126
Rancilio, Milano. Immagini tratte dal catalogo.

Rancilio, Milan. Images from the catalogue.

1950-1960

118

127 - 128
Rancilio, Milano. Modello Alpina ad un gruppo.

Rancilio, Milan. The "Alpina" model with one group.

CARATTERISTICHE TECNICHE

- Massima rapidità di riscaldamento, va in pressione in pochissimi minuti permettendo così di accenderla al momento del bisogno.

- Possibilità di tenere costantemente in funzione la macchina evitando nei momenti di maggior lavoro, anche quei pochi minuti di attesa.

- Gruppo crema caffè ad alta compressione identico alle macchine di grande capacità.

- Riscaldamento elettrico ed a gas.

- La rapidità di preparazione della bevanda è di 25 - 30 secondi ogni due caffè.

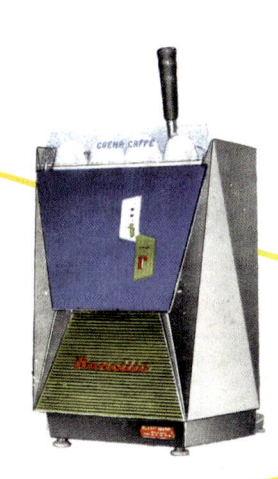

Caldaia lt. 3
Altezza cm. 48 - Totale 68
Base cm. 30 x 40
Ingombro tot. cm. 33x46

TIPO "ALPINA"

RAPPRESENTANTE

OFF. MECC.
r. rancilio
PARABIAGO (MILANO)
VIA GALEAZZI 12
☎ 43-453

MODELLO ARCH. TRAVASA

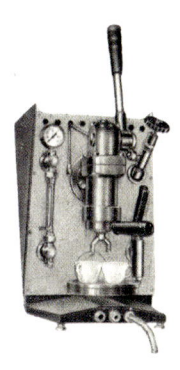

off. mecc. **r. rancilio** - parabiago

Rancilio, Milano. Dati tecnici del modello "Alpina".

Rancilio, Milan. Technical data of the model "Alpina".

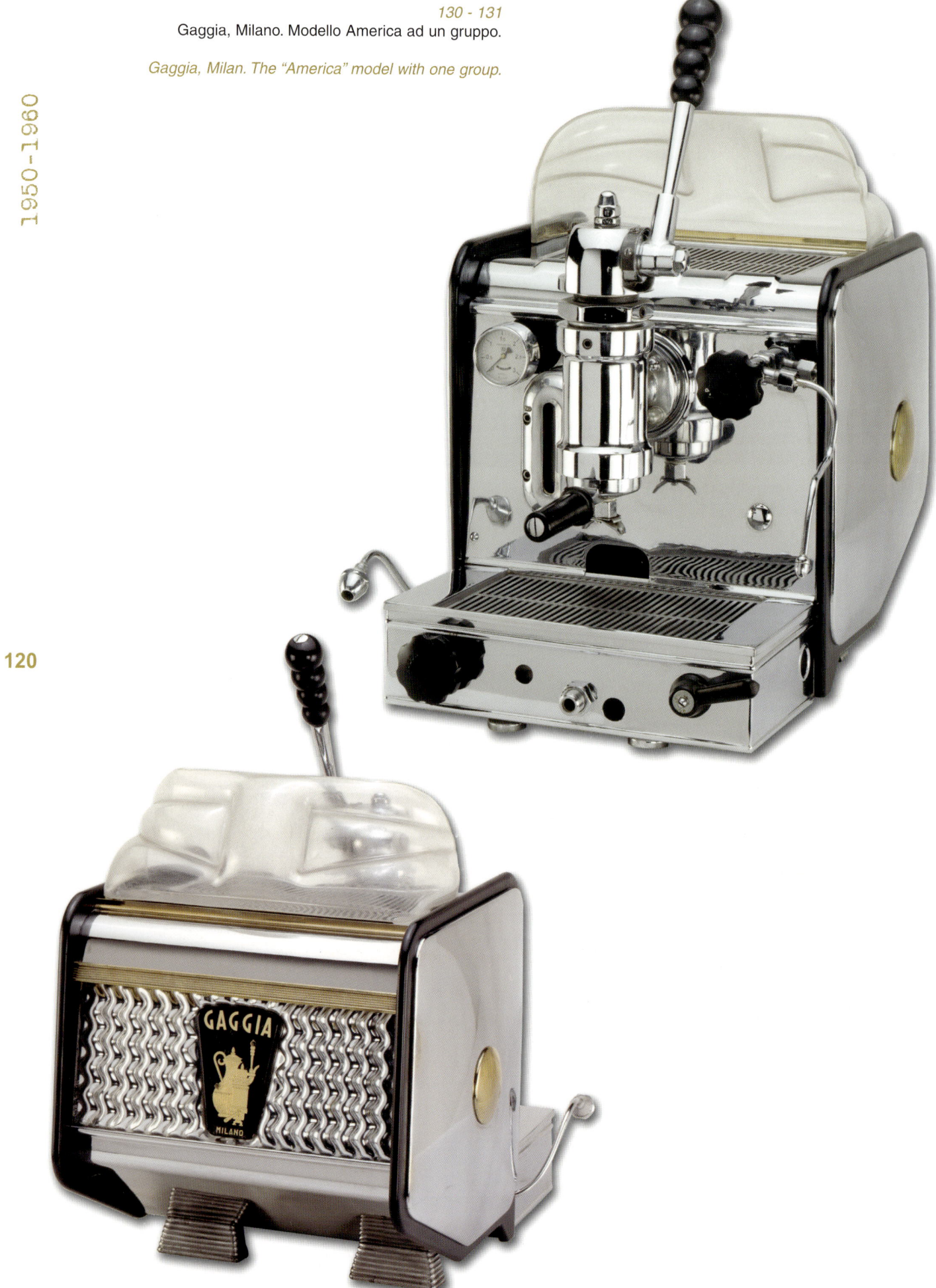

130 - 131
Gaggia, Milano. Modello America ad un gruppo.

Gaggia, Milan. The "America" model with one group.

1950-1960

120

QUESTO PASSAPORTO

può essere usato soltanto dalle persone che desiderano ottenere una crema naturale di caffè: bevanda tipicamente italiana, sana, stimolante, dallo squisito gusto aromatico. Le nostre macchine razionali — con l'originalità del loro funzionamento — assicurano ovunque un risultato di alta qualità.

CE PASSEPORT

ne peut être utilisé que par les personnes qui désirent obtenir « la crème de café naturelle » boisson typiquement Italienne, saine, stimulante, d'un goût exquis et aromatique. Nos machines grâce au fonctionnement rationnel et étudié assurent toujours un résultat parfait

THIS PASSPORT

should be used only by persons who are looking for rich natural coffee, the typical Italian beverage, healthy, stimulating and aromatic. The originality and rational design of our machines ensure perfection under all circumstances.

DIESES BEGLEITPAPIER

kann nur von Personen benutzt werden die einen natürlichen Creme-Kaffee zu erhalten wünschen: ein typisch italienisches, gesundes, anregendes Getränk von vorzüglichen, aromatischen Geschmack. Unsere rationellen Maschinen, mit der Besonderheit ihrer Funktion sichern überall einen Erfolg von hoher Qualität.

ESTE PASAPORTE

puede ser usado solamente por las personas que desean obtener una crema de café natural, bebida típicamente italiana, sana, estimulante, de exquisito gusto, sabor y aroma. Nuestras máquinas, racionales — con la originalidad de su funcionamiento — aseguran siempre un resultado de alta calidad.

SOC. GAGGIA BREVETTI - MILANO
Via Cadolini, 9 - Telef. 581.705 - 554.676 - 573.248 - 584.666

N° **149634** gruppi

confermano ogni giorno un grande successo.
149634 groupes confirment chaque jour un grand succès.
149634 units are daily testifying to a great success.
149634 die Gruppen bestägigen täglich einen grossen Erfolg.
149634 grupos confirman cada día un gran éxito.

Il presente passaporto è rilasciato alla macchina che ha dato al mondo la crema naturale di caffè

Le present passeport est delivré a la machine qui a donné au monde la creme de café naturelle.

This passport is issued for the machine which gave the world rich natural coffee.

Dieses vorliegende Begleitpapier wurde einer Maschine ausgesgestellt, dier der Welt den « Natur-creme-kaffee » gegeben hat.

El presente pasaporte es expedido a la máquina que ha dado al mundo la crema de café natural.

GAGGIA

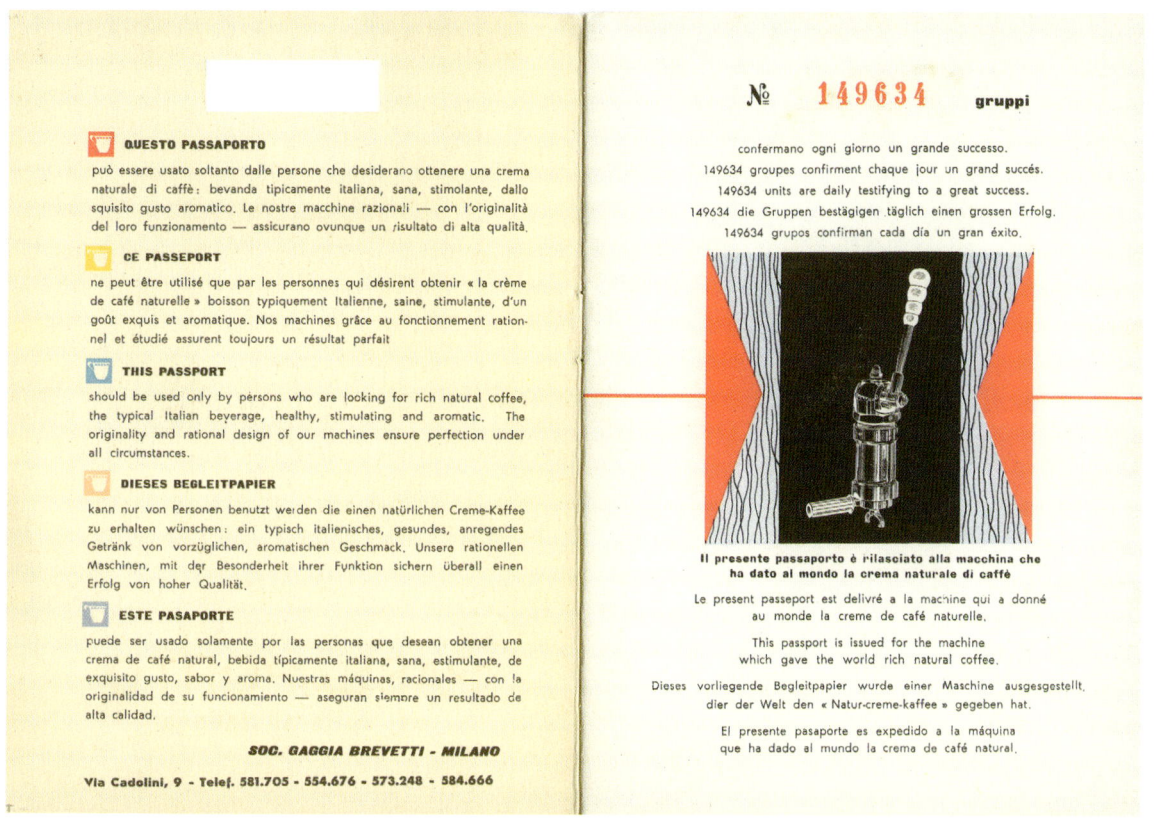

149634

PASSAPORTO
del caffè all'italiana

132 - 133
Materiale pubblicitario Gaggia di Milano.

Advertising stuff by Gaggia of Milan.

1950-1960

122

134
Immagini tratte dal catalogo Astoria, modello "Rapallo".

Images from the catalogue of Astoria, model "Rapallo".

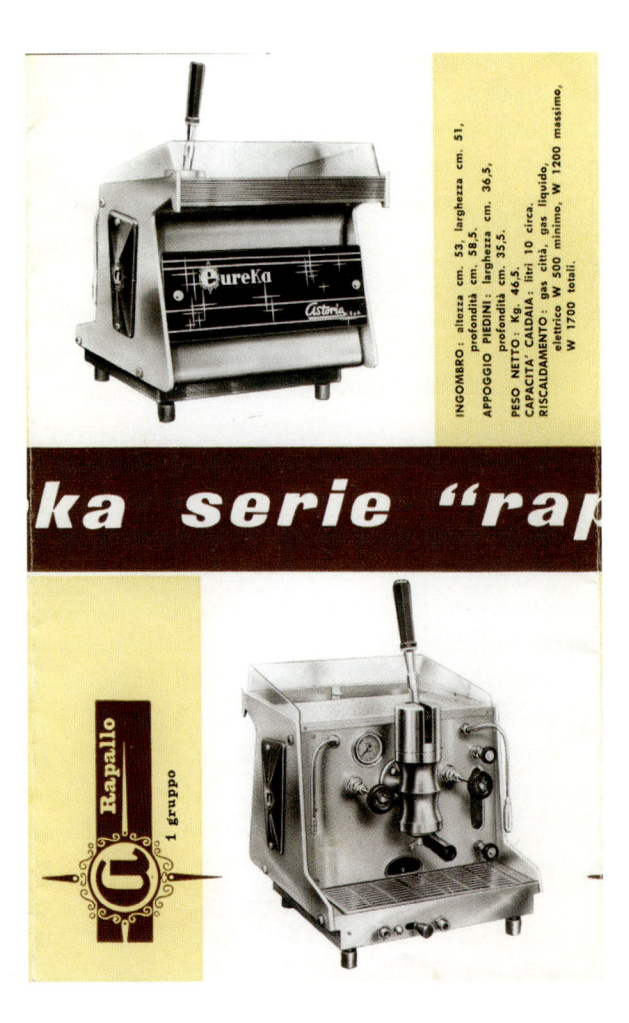

1950-1960

123

INGOMBRO: altezza cm. 53, larghezza cm. 66, profondità cm. 58,5.
APPOGGIO PIEDINI: larghezza cm. 48, profondità cm. 33.
PESO NETTO: Kg. 77.
CAPACITA' CALDAIA: litri 15 circa.
RISCALDAMENTO: gas città, gas liquido, elettrico W 700 minimo, W 1500 massimo, W 2200 totali.

INGOMBRO: altezza cm. 54, larghezza cm. 79, profondità cm. 58,5.
APPOGGIO PIEDINI: larghezza cm. 61, profondità cm. 33.
PESO NETTO: Kg. 96.
CAPACITA' CALDAIA: litri 15 circa.
CAPACITA' RISERVA: litri 2,5.
RISCALDAMENTO: gas città, gas liquido, elettrico W 700 minimo, W 1500 massimo, W 2200 totali.

pallo,, modello Eureka ser

Rapallo — 2 gruppi - automatica a vapore

Rapallo — 2 gruppi - più riserva

1950-1960

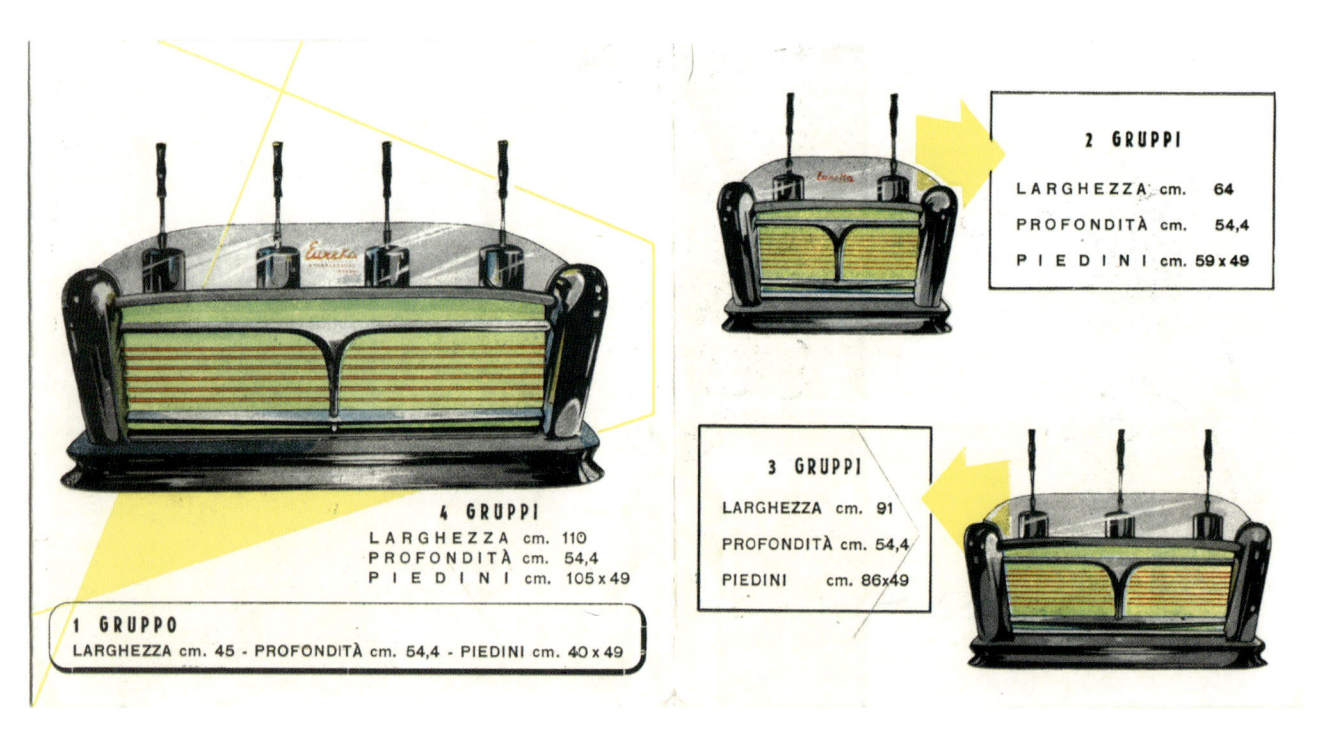

124

135 - 136
Pubblicità Eureka, Genova.

Advertising by Eureka, Genoa.

Pubblicità La Marzocco, Firenze

Adverising of La Marzocco, Florence.

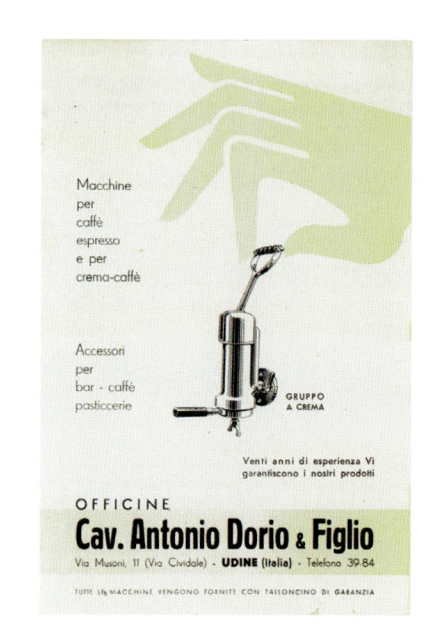

1950-1960

138 - 139 - 140
Dorio, Udine. Materiale pubblicitario.

Dorio, Udine. Advertising stuff.

141 - 142 - 143
Dorio, Udine. Materiale pubblicitario.

Dorio, Udine. Advertising stuff.

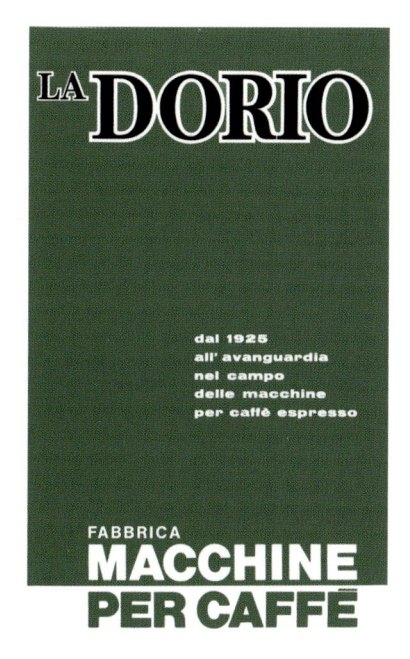

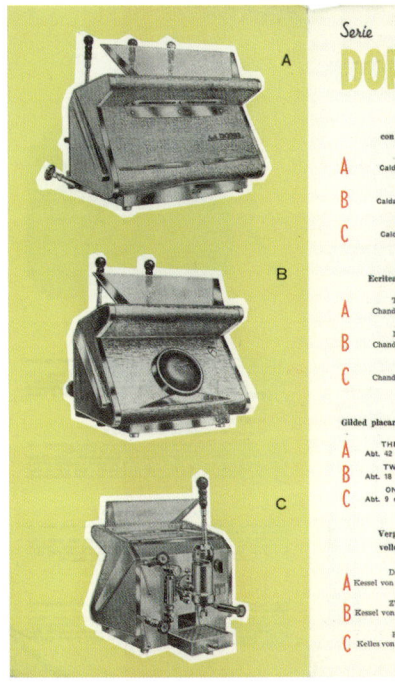

144 - 145 - 146
Dorio, Udine. Materiale pubblicitario.

Dorio, Udine. Advertising stuff.

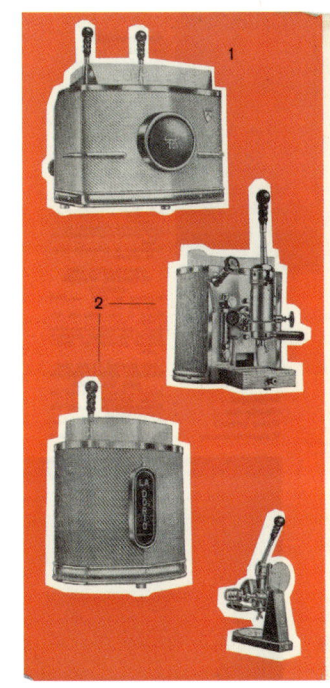

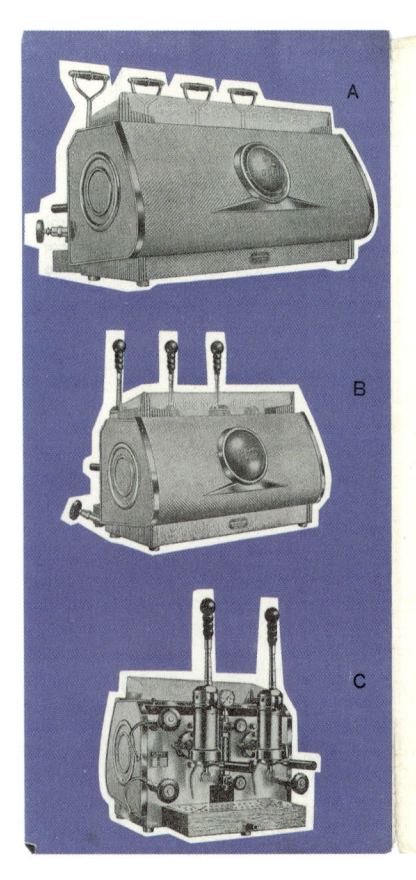

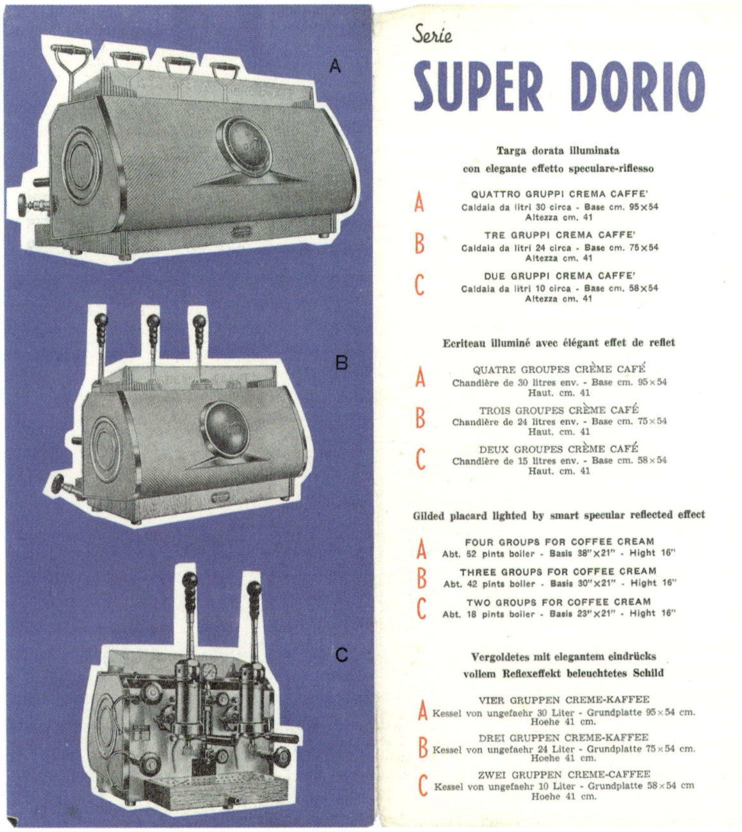

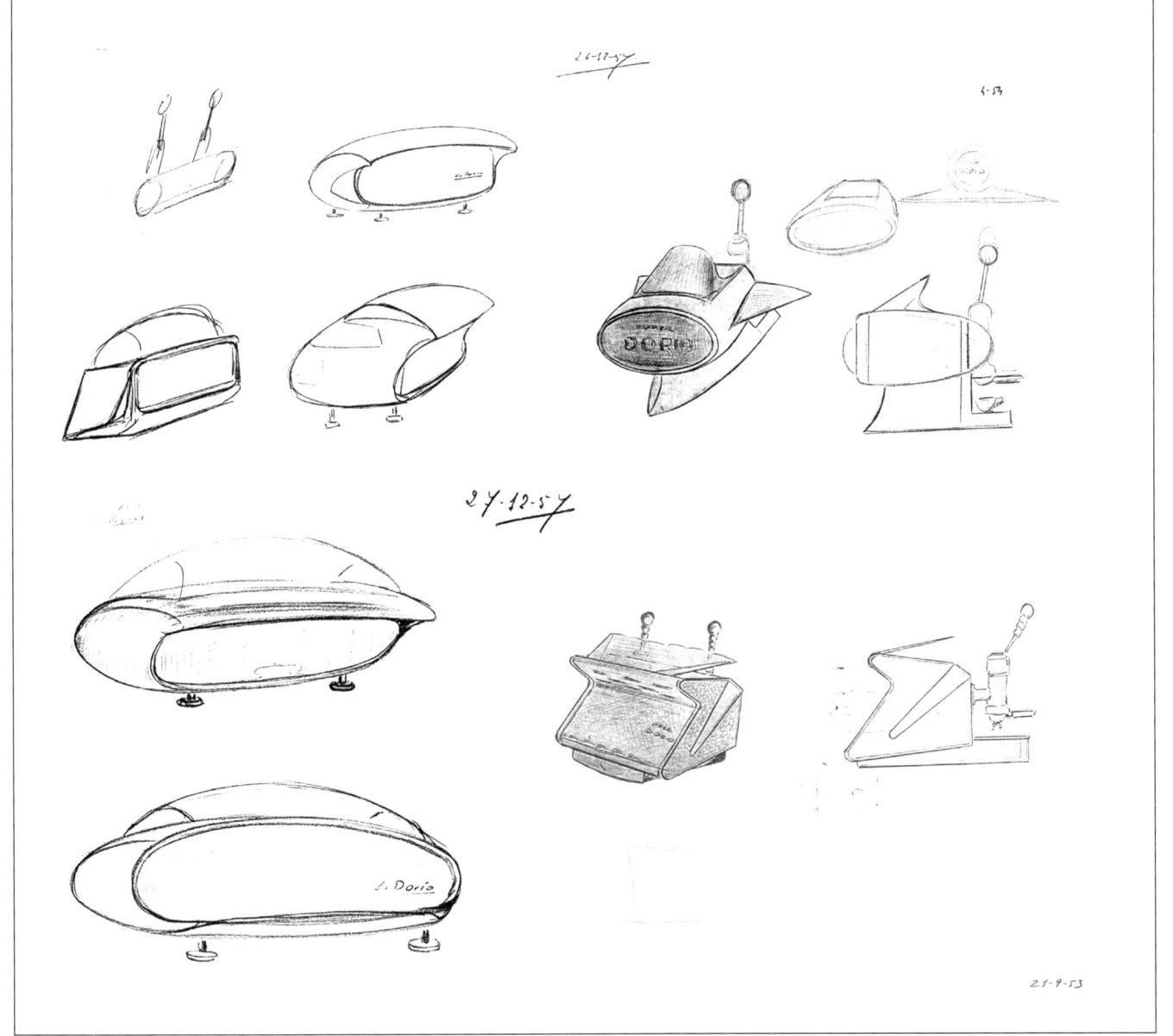

147
Dorio, Udine. Disegni di modelli e prototipi studiati da Dorio.

Dorio, Udine. Drawings of models and prototypes designed by Dorio.

Serie

KAPITÄN

Mod. 305 - Un gruppo - caldaia litri 5 base cm. 60×45
Mod. 310 - Due gruppi - caldaia litri 10 base cm. 60×66
Mod. 320 - Tre gruppi - caldaia litri 20 base cm. 60×84

La Dorio

Udine - Via Musoni 11 - Tel. 3984 - Italia

Dorio, Udine. Modello Kapitan a due gruppi.

Dorio, Udine. The "Kapitan" model with two groups.

"AUSONIA"
DI CUCCHI FAUSTINO
CORSO S. GOTTARDO N. 12 - MILANO - TELEFONO N. 30.535

TIPO BILUX - Modello depositato N. 41569 - Litri 15 (vista di fronte)
Lunghezza cm. 67 - Larghezza cm. 55 - Altezza cm. 50 - Base cm. 54 circa
Questo modello si costruisce da litri 8 - 15 - 24 - 40 - 50

Ausonia

La macchina per caffè espresso che dà garanzia

Ausonia tipo 2000

con PORTATAZZE

e STERILIZZATORE

con gruppo Mondial Bar senza vapore

Modello 2000

A caldaia a 2 gruppi litri 15, funzionamento a gas, elettrico e a liquigas.

Si costruiscono da 50 litri a cinque o quattro gruppi a richiesta del cliente.

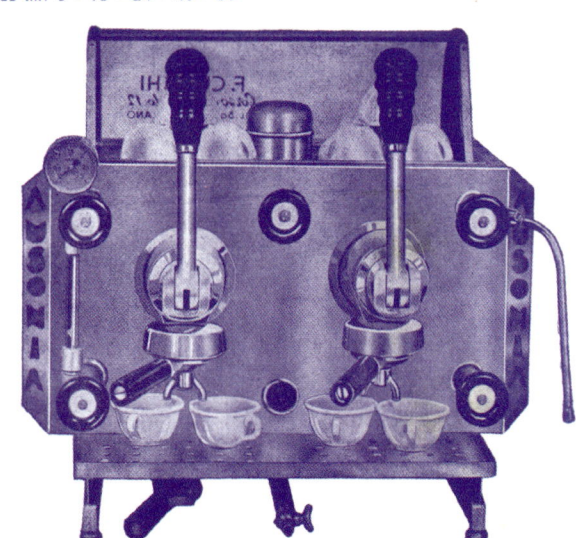

2 gruppi da 4 caffè - litri 15 - Modello depositato Brevetto N. 41558 (vista dei comandi)

L'ultima espressione nel campo delle macchine per caffè

Ricordate **AUSONIA**, un nome, una garanzia

149
Ausonia, Milano. Immagine pubblicitaria del modello Ausonia tipo 2000.

Ausonia, Milan. Advertising image of the model named "Ausonia type 2000".

la marzocco extracrema

PRESENTAZIONE

Dopo il successo delle nostre precedenti costruzioni, i modernissimi modelli Extracrema (che funzionano con pieno successo nei migliori Bar e locali del genere) danno un maggiore prestigio alla Marzocco, sinonimo di garanzia e superiorità. Un esame anche sommario alla struttura di questa macchina è sufficiente a convincerVi che si tratta di un prodotto di qualità. Le modernissime macchine Extracrema, mantengono la Marzocco al posto di onore ed all'avanguardia di questo ramo di Industria, ove trovasi fino da quando per esclusivo merito della Marzocco, uscirono per la prima volta, con grande successo, i suoi modelli di macchine orizzontali Brevettati a sostituire le macchine verticali che sembravano addirittura dei grattacieli. È merito della Marzocco se oggi i Barman possono lavorare con macchine orizzontali a gruppi frontali allineati.

RENDIMENTO

Questa macchina pur essendo costruita sul principio ad idrocompressione con azionamento a leva, produce una **bevanda** di caffè ricca di olii di caffeone disciolti, formanti uno spesso strato di crema di caffè (VERA CREMA non emulsione) di un colore nocciola scuro.

LA DENSITÀ DELLA BEVANDA

In proporzione alla quantità di polvere di caffè impiegata, è la massima ottenibile. Si ha un rendimento veramente eccezionale difficilmente ottenibile con macchine idrocompresse.

150
Immagine pubblicitaria dei modelli La Marzocco, Firenze.

Advertising of the models of La Marzocco, Florence.

Officine Fratelli BAMBI

COSTRUZIONI ELETTRICHE E MECCANICHE DI PRECISIONE

FIRENZE - Via del Lasca, 11-13 - Telefono 53-834

ATTENZIONE!

La MARZOCCO col suo sistema di ATTACCO UNIVERSALE del GRUPPO "Brevettato" si differenzia da tutte le altre costruzioni per praticità di manutenzione e rendimento - osservatene la descrizione relativa.

Chiedeteci schiarimenti, interpellateci, constaterete l'utilità della MARZOCCO.

rondine 5 litri

Funziona nei migliori locali, i più accreditati in Italia ed all'estero;
Sulle navi della Flotta Lauro - Lloyd Triestino;
Sui modernissimi elettrotreni Belvedere delle Ferrovie dello Stato « i più belli d'Europa » sono installate macchine da caffè **Marzocco**.
Le macchine MARZOCCO sono state prescelte dalle off. GALILEO, per essere installate nei loro Locali FLOG.

la marzocco extracrema

Questi sono i pregi:

Non ha premistoppa.
I gruppi si mantengono costantemente caldi
È una macchina Super Idrocompressa.
È perfettamente isolata con isolante termico.
La Marzocco Extracrema non può essere facilmente superata, per i sistemi ideali in essa applicati e brevettati.

Questi sono i vantaggi:

Massima garanzia di tenuta.
Massimo sfruttamento del caffè "bevanda calda".
Massimo rendimento.
Massima economia di esercizio.
Sicurezza d'investire il proprio denaro in una macchina che non sarà superata per anni.

La MICROMARZOCCO
fa una crema caffè meravigliosa

Particolarmente adatta per:

AMERICAN BAR - ALBERGHI - RISTORANTI - TRATTORIE - PICCOLI BAR - CIRCOLI RICREATIVI - ECC.

CARATTERISTICHE SPECIALI

ATTACCO UNIVERSALE DEL GRUPPO - "Brevettato"

▷ Speciale dispositivo che permette di togliere il gruppo dalla caldaia in pochi secondi, rendendolo intercambiabile con facilità sorprendente. Solidali al gruppo, vengono estratti dalla caldaia anche i tubi pescatori per cui si può accedere facilmente alla sua pulizia ed eventualmente disotturarli dalla calcarea. La pulizia della caldaia è resa semplicissima.

TERMO DI VAPORE DEL GRUPPO - "Brevettato"

▷ Permette che i gruppi rimanghino sempre a temperatura costante anche quando la macchina non lavora.

AZIONAMENTO DEL GRUPPO - "Brevettato"

▷ Permette lo scorrimento assiale dell'asta di comando del pistone aumentandone anche la compressione ed il rendimento.

Ricordate: LA MARZOCCO OFFICINE BAMBI - FIRENZE ha il piacere di tenersi a disposizione col suo personale tecnico per le dimostrazioni pratiche e per farVi constatare con dati di fatto quali forti economie e benefici potrete ottenere installando nel Vs. locale una MARZOCCO.

3000 - 10-1955 - Tip. A. CONTI & FIGLI - Firenze

1950-1960

la classica - la ma

MACCHINA DI

BREVETTO 3

ATTACCO UNIVERSALE DEL GRUPPO

BREVETTI

BFB

N. 1 - 25243
Azionamento del gruppo

N. 2 - 27687
Termo di vapore nel gruppo

N. 3 - 25558
Attacco Universale del gruppo

BREVETTO 2

I gruppi rimangono costantemente

MACCHINE EXTRACREMA

DIMENSIONARIO

TIPO	GRUPPI	LITRI	DIMENSIONI BASE mm.	INGOMBRO NELLO SPAZIO		
				Altezza	Lunghezza	Larghezza
RONDINE	1	5.7	320 x 460	400	530	480
NATIONAL	2	16	360 x 500	380	610	560
MONDIAL	3	25	700 x 470	380	900	480
MONDIAL	4	35	920 x 470	380	1120	480

151
Immagine pubblicitaria dei modelli La Marzocco, Firenze.

Advertising of the models of La Marzocco, Florence.

occo - extracrema

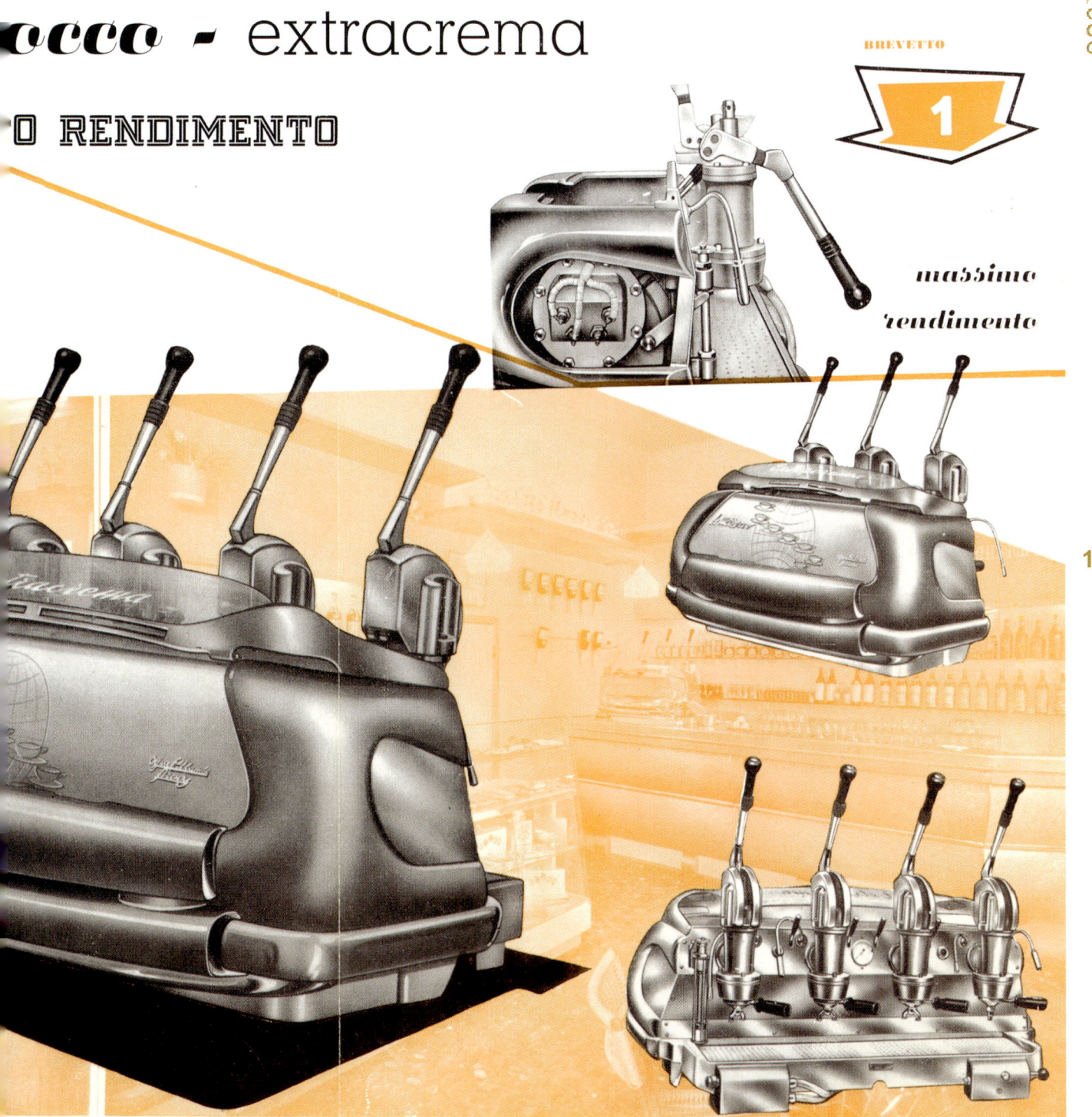

O RENDIMENTO

BREVETTO
1

massimo rendimento

1950-1960

135

1950-1960

136

152 - 153 - 154 - 155
Tortorelli, Siena. Pubblicità del modello Semiautomatica 58.

Tortorelli, Siena. Advertising of the model "Semiautomatica 58".

Caffè sempre a temperatura giusta regolata automaticamente dalla valvola termostatica qui illustrata.

Il tempo di sosta automatica è regolata da un settore con indicazione numerica. L'acqua è erogata istantaneamente senza incidere sulla regolazione automatica.

TERMOZONA

semiautomatica 58

TORTORELLI
STABILIMENTO MECCANICO · SIENA

TERMOZONA

Il presente listino illustra il tipo Semiautomatica 58, ma lo Stabilimento Meccanico Fratelli Tortorelli costruisce anche macchine completamente automatiche che hanno caratteristiche assolutamente nuove. La novità principale più importante delle automatiche è di avere la sosta di infusione a comando elettrico mentre il funzionamento generale è idraulico. Sono state eliminate leve, manette ecc. Con il solo tocco di un bottone l'operazione inizia, regola il tempo di infusione, espelle l'acqua attraverso il caffè e si ferma pronta ad iniziare l'operazione successiva. Lo Stabilimento Meccanico Fratelli Tortorelli costruisce anche macchine del tipo a leva manuale di funzionamento semplice ma con tutti gli accorgimenti per ottenere caffè assolutamente superiore.

TORTORELLI

152

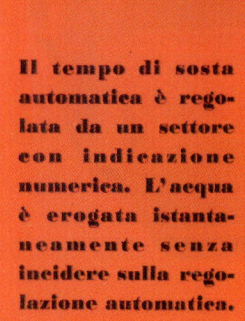

153

Semiautomatic Termozona 58 is characterized by the possibility of having the time for automatic infusion.

The lapse of time necessary to allow a batter infusion is controlled by a numerical selector. Another important characteristic is that coffee temperature is automatically regulated by thermostatic control. In this way no more cold or overheated coffee, but always coffee at an ideal temperature.

The aesthetic covering of Semi-automatic Termozona 58 is drop forged in large extruzion presses, according to the system used in cars making.

It is exempt from welding.

Along with a very effective pattern, Semi-automatic Termozona 58 has a sober line and, what is more, it will last for a long time.

TORTORELLI

Le macchine da caffè Termozona sono state realizzate da un complesso meccanico dotato di Uffici Tecnici altamente qualificati e con laboratori di ricerca che hanno studiato tutti i problemi inerenti tali apparecchi e soprattutto hanno studiato per adattarla ad uno sfruttamento più razionale del caffè.

Le temperature, le pressioni, i tempi più idonei ad una buona confezionatura, hanno avuto una esperimentazione assidua e continua fino alle migliori risultanze.

L'« optimum » di tali prove hanno avuto immediata applicazione nelle macchine oggi costruite.

I modelli descritti ed illustrati non impegnano la Ditta e potranno essere variati in qualsiasi momento.

La caratteristica principale della Termozona Semiautomatica 58 è data dalla sosta automatica del periodo di infusione. Occorre ricordare agli operatori che se è una fatica abbassare le leve è anche fatica azionare lo sgancio per il ritorno delle leve stesse. Occorre ricordare che 500 caffè al giorno sono altrettante manovre che la Termozona Semiautomatica compie da sè. Occorre ricordare che l'operatore per 500 volte dovrà pensare di sganciare le leve. Questo è un grande risparmio di fatica fisica e mentale.

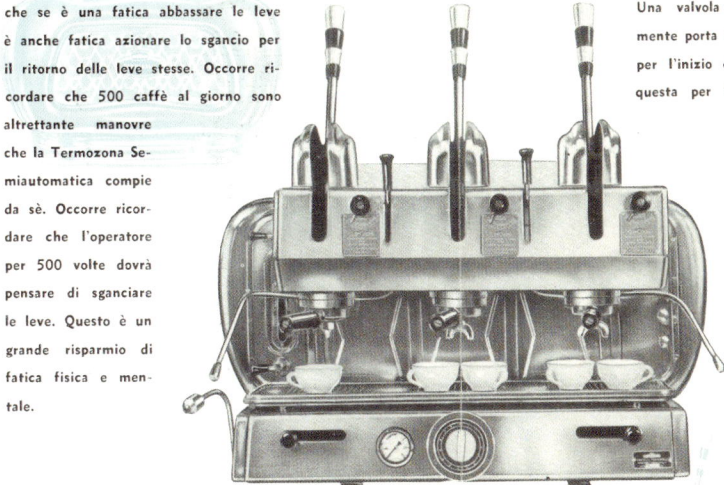

Il rivestimento estetico della Termozona Semiautomatica 58 è stampato in grandi presse di imbutitura sul sistema delle automobili. E' esente da saldature. Disegno di grande effetto, linea sobria e soprattutto duratura nel tempo.

Un'altra caratteristica esclusiva è basata sulla temperatura di espulsione del caffè che è regolata automaticamente. Non più caffè freddo o surriscaldato.

Una valvola termostatica automaticamente porta il gruppo al calore stabilito per l'inizio delle operazioni e quando questa per la successione del lavoro porterebbe il gruppo a temperatura eccessiva, la valvola regola automaticamente la temperatura che è mantenuta costante. Rallentando il lavoro la valvola fa risalire la temperatura fino al punto giusto.

Quindici brevetti proteggono la macchina Termozona.

I tecnici della Termozona sono riusciti ad ottenere il massimo sfruttamento del caffè apportando al gruppo di compressione ben sei accorgimenti speciali, che si potrebbero considerare piccole invenzioni, basati sul sistema di distribuzione dell'acqua, sulla temperatura, sulla pressione di espulsione, ecc.

IL CAFFE' CHE SI OTTIENE CON LA TERMOZONA E' INNEGABILMENTE IL MIGLIORE.

1950-1960

138

156 - 157
Victoria Arduino, Torino. Cartolina postale pubblicitaria (fronte e retro).

Victoria Arduino, Turin. Advertising postcard (front and back).

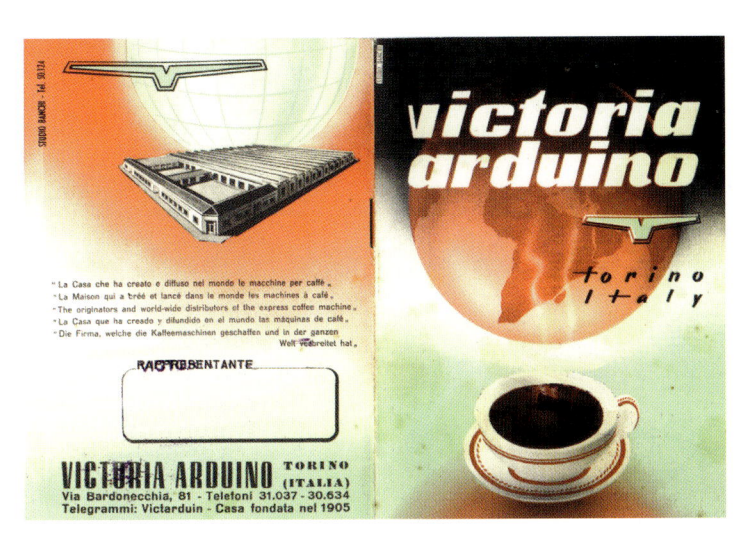

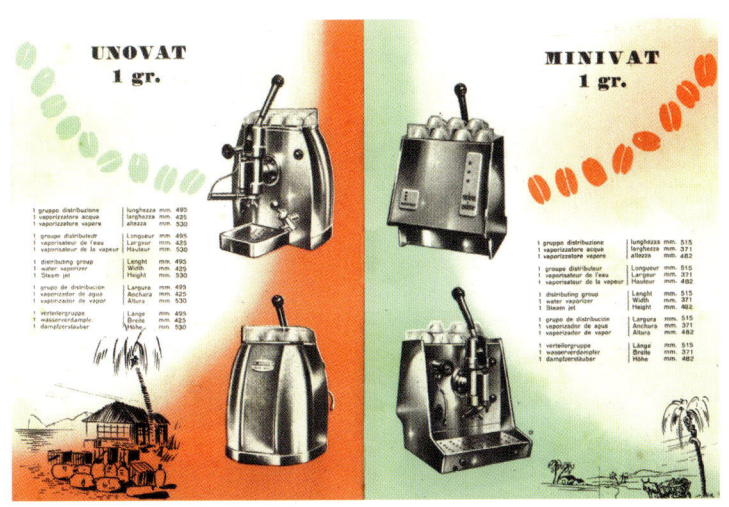

158 - 159 - 160 - 161
Victoria Arduino, Torino. Cataloghi pubblicitari.

Victoria Arduino, Turin. Advertising catalogues.

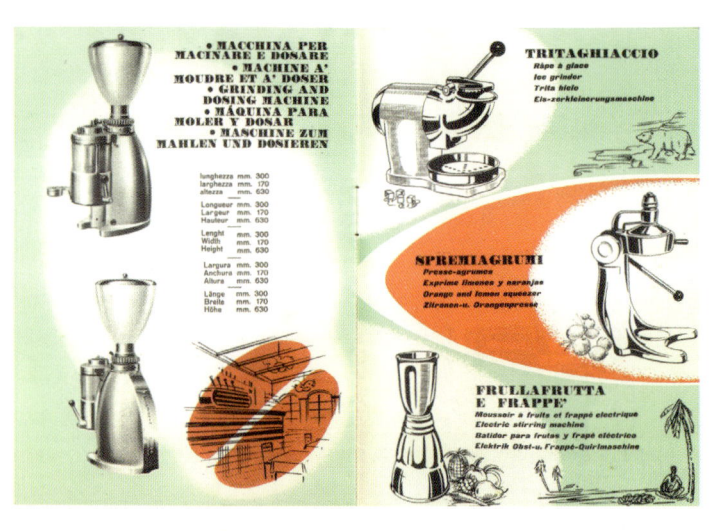

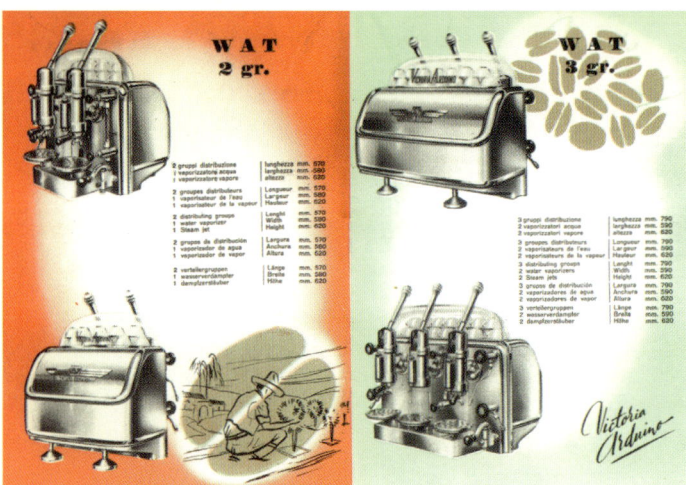

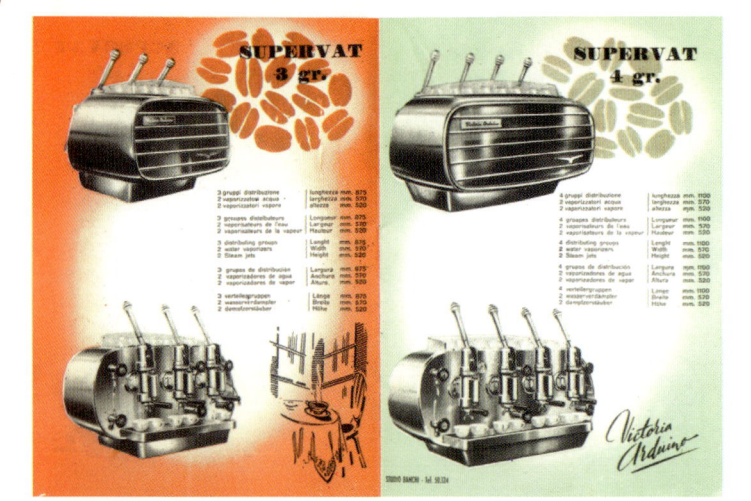

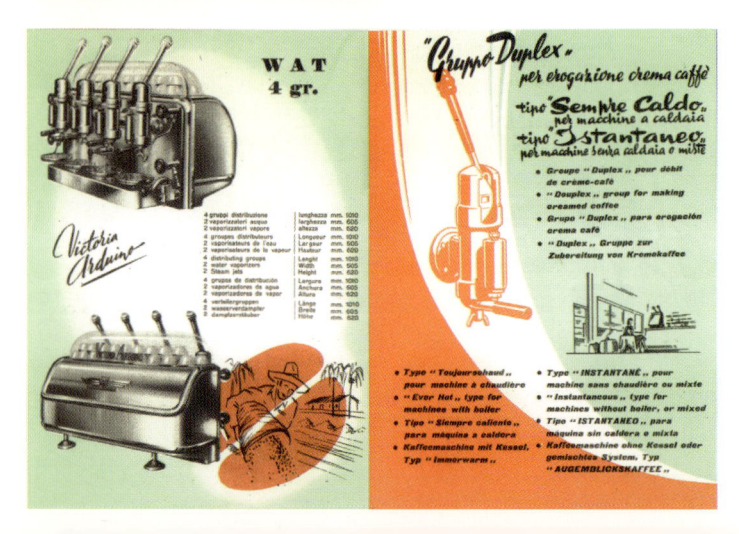

162 - 163 - 164 - 165
Victoria Arduino, Torino. Cataloghi pubblicitari.

Victoria Arduino, Turin. Advertising catalogues.

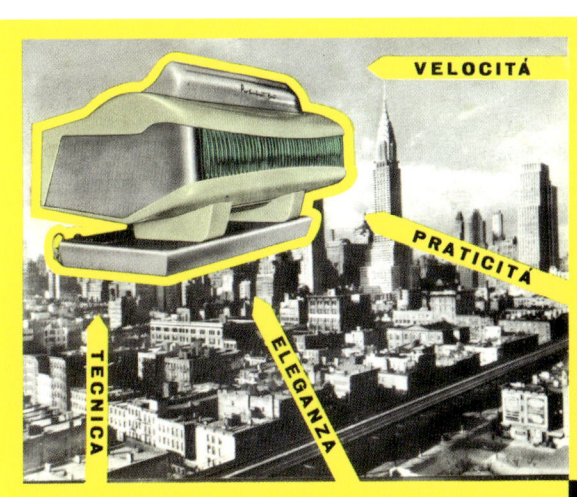

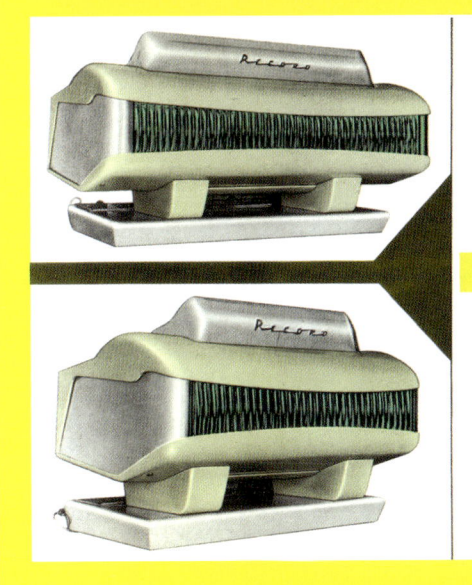

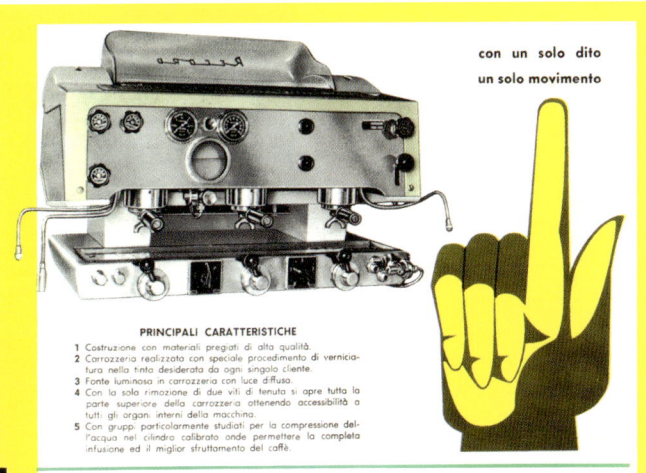

Officine Record, Milano. Immagini pubblicitarie del modello "Automatica".

Officine Record, Milan. Advertising images of the "Automatica" model.

167 - 168
Aurora, Officine Brugnetti, Milano. Modello a due gruppi.

Aurora, Officine Brugnetti, Milan. Model with two groups.

169 - 170
Faema, Milano. Materiale pubblicitario e schema tecnico del modello E-61.

Faema, Milan. Advertising stuff and technical plan of the model "E-61".

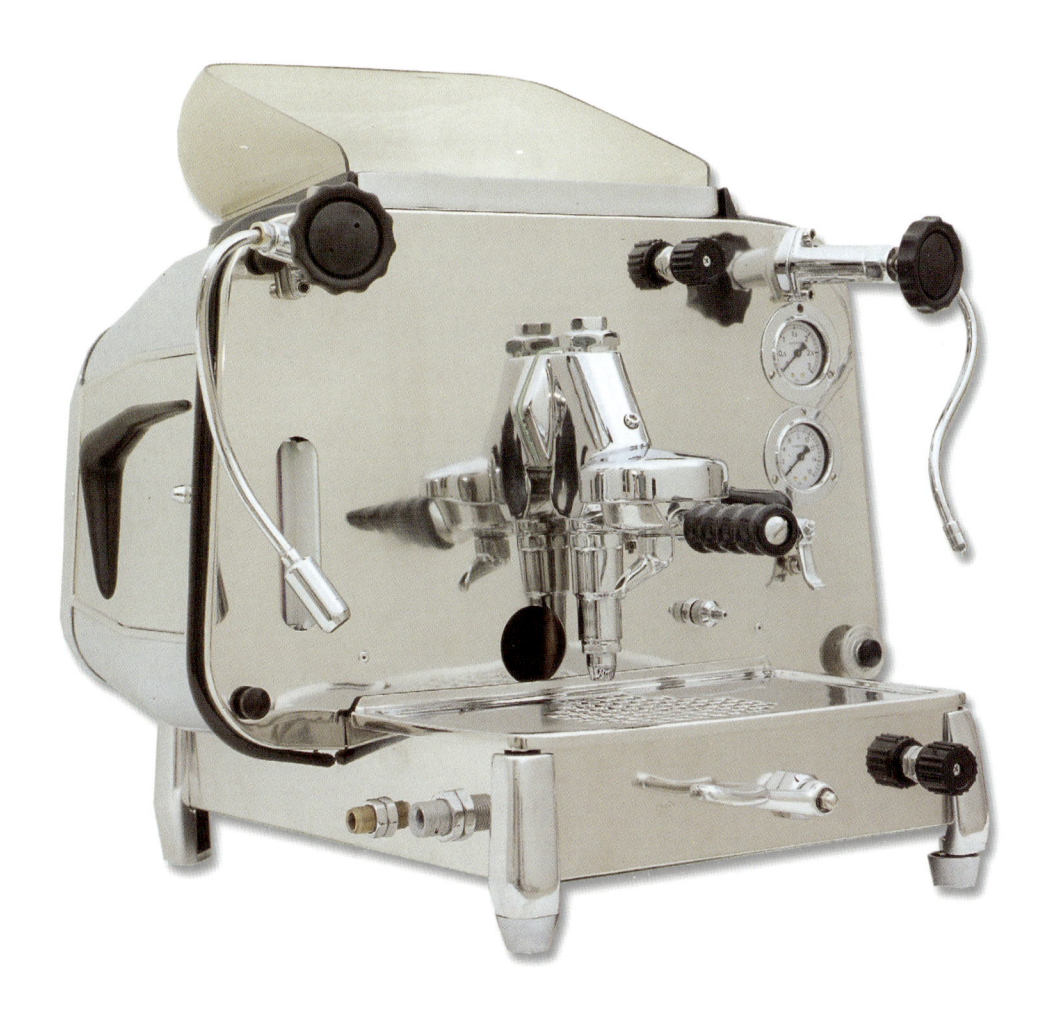

171 - 172
Faema, Milano. Modello E-61, un gruppo.

Faema, Milan. The "E-61" model with one group.

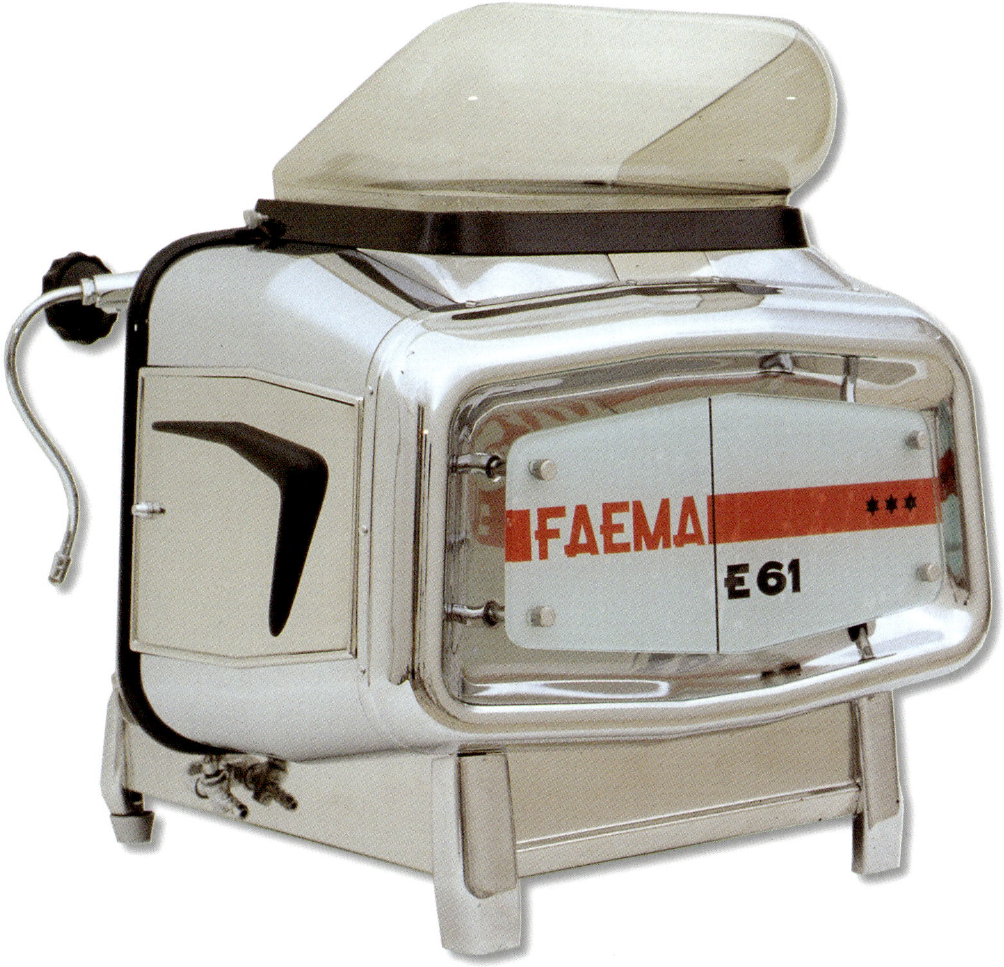
FAEMA
E 61

1950-1960

146

Faema «E/61» fa il caffè dal gusto nuovo!

173 - 174 Faema, Milano. Immagine pubblicitaria. *Faema, Milan. Advertising image.*

ALT

Esercenti!
non comperate
macchine
per caffè...

175
Faema, Milano. Modello E-61 a tre gruppi; questa versione era sopranominata "Tartaruga".

Faema, Milan. The "E-61" model with three groups; this version was nicknamed "Tartaruga".

176 - 177 (pagg. 148 - 149)
Schema di installazione Faema E-61 e dati tecnici.

Installation plan and technical data of Faema E-61.

SCHEMA 10067 - INSTALLAZIONE DELLA MACCHINA

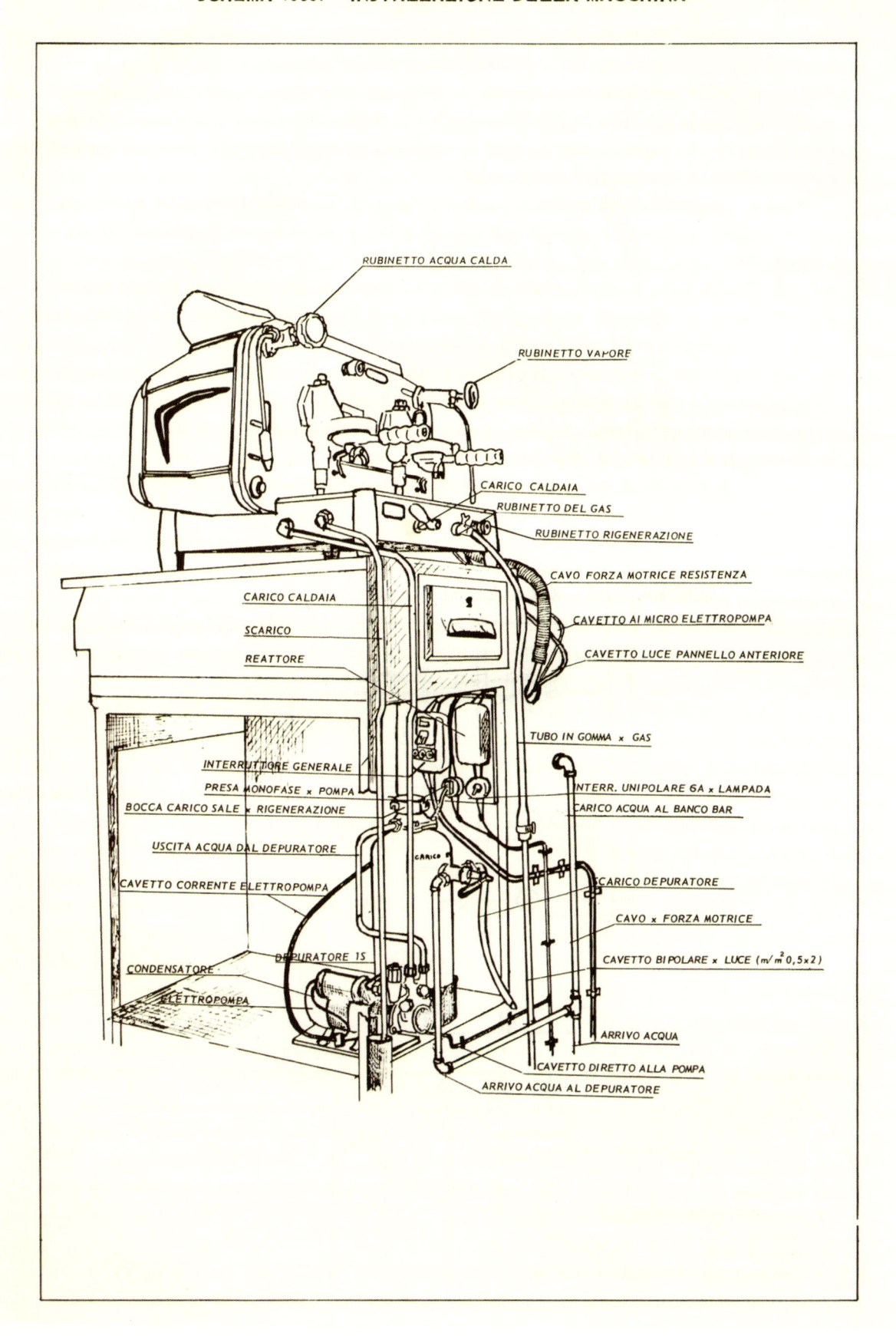

1950-1960

148

E 61

1 - CARATTERISTICHE DELLA E/61

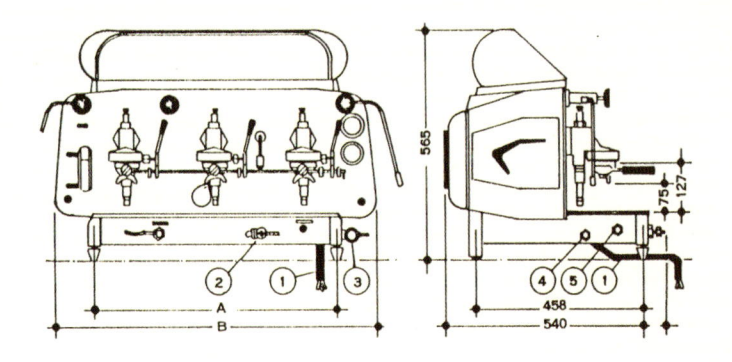

POSIZ.	DENOMINAZIONE	POSIZ.	DENOMINAZIONE
1	Guaina alimentazione elettrica	6	Entrata acqua al depuratore dalla rete
2	Rubinetto del gas per macch. da 2,3,4 gruppi	7	Uscita acqua dal depuratore alla pompa
3	Rubinetto del gas per macch. da 1 gruppo	8	Uscita acqua dalla pompa
4	Attacco entrata acqua (3/8" gas) tubo Ø 8×10	9	Entrata acqua alla pompa
5	Scarico bacinella (1/2" gas) tubo Ø 10×12	10	Cavo elettrico alimentaz. motore pompa

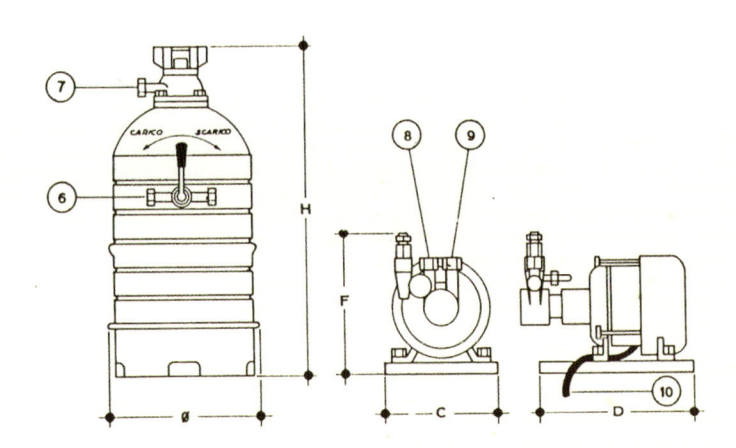

MACCHINA E 61					DEPURATORE			ELETTROPOMPA					
N° dei grup.	Dimensioni in mm		Peso Kg	Capacità teorica caldaia Litri	Resist. elettrica Watt.	Tipo	Dimens. in mm	Peso Kg	Tipo	Portata litri/h Litri	Dimensioni in mm			Poten. motore HP.
	A	B					Ø	H				C	D	E	
1	330	550	42	8	1500	1 S	225	485	12	Normale	72	200	320	200	0.15
2	490	710	57	13.40	2600										
3	660	880	72	18.85	3700	2 S	225	590	20	Maggior.	110	200	320	200	0.24
4	900	1120	89	26.54	5000										

1950-1960

178 - 179 - 180
La Cimbali, Milano. Modello "Pitagora", a due gruppi, design Achille e Piergiacomo Castiglioni.

La Cimbali, Milan. The "Pitagora" model, with two groups, design by Achille and Piergiacomo Castiglioni.

Macchina per caffè espresso serie "Pitagora"
In questa macchina il problema era soprattutto il re-design di una carrozzeria, accettando come vincoli i "dati" il fatto che l'ambiente, sia sotto il profilo espressivo che sotto il profilo tecnologico, è per ora disposto ad accettare soltanto modeste modificazioni che si è preferito interpretare con semplificazioni formali. La macchina è prodotta in dimensioni diverse dovute al numero dei gruppi del caffè (da uno a sei).
Il modello presenta nuove tecnologie produttive, migliora le funzionalità d'impiego, ed è contenuto in una forma geometrica semplice, risolvendo nel modo più lineare i problemi funzionali di più diretta influenza estetica.
Per la carrozzeria si è raggiunta una unificazione mantenendo per tutti i tipi le spalle, variando solo la lunghezza dei rivestimenti centrali i quali mantengono un profilo costante. Sono ridotte al minimo le costose operazioni di finitura adottando acciaio inossidabile satinato e lamiere smaltate a fuoco.
Sono diminuiti così i rischi di deterioramento per magazzinaggio e trasporti ottenendo una maggiore qualificazione del prodotto e una sensibile economia produttiva.
La carrozzeria nel suo insieme è disegnata tenendo conto che la macchina da caffè è destinata ad inserirsi in un contesto ambientale estremamente variabile, entro il quale può rappresentare un importante elemento decorativo ed anche reclamistico.

(Achille e Piergiacomo Castiglioni)

Model machine espresso, model "Pitagora".
In this machine the problem was above all the "re-designing" of the body in accordance with the constraint that the environment, both in terms of expression and in terms of technology, is now compliant with accepting only small modifications, now interpreted as mere formal simplifications. The machine is manufactured in different dimensions according to the number of cup groups (from one to six).
The model introduces new production technologies, improves the functionality of use and is contained in a simple geometric form, by resolving in a linear way the functional problems due to the aesthetics influence.
As far as the body is concerned, a unification of the forms has been obtained by maintaining the same shoulders for all the models and changing only the length of central covering, which contribute to preserve a constant profile. The costly operations of finishing have been reduced at the minimum level thanks to the use of satin stainless steel and fire glazed sheets.
Consequently, the damage risks for storage and transport have been significantly reduced by obtaining a higher qualification of the product and higher savings in the production process.
The body as a whole has been designed in consideration of the fact that the coffee machine is collocated in an extremely variable environment, in which it can become an important decorative element and also an attraction.

(Achille and Piergiacomo Castiglioni)

1950-1960

152

181 - 182
Rancilio, Milano. Modello 28, design Marco Zanuso.
Disponibili due versioni a leva o ad erogazione.

Rancilio, Milan. Model 28, design by Marco Zanuso. Two versions are available: piston or atomatic distribution mechanism.

183
La Pavoni, Milano. Modello a leva disegnato da Alberto Rosselli.

La Pavoni, Milan. Hand-lever model designed by Alberto Rosselli.

184
La Pavoni, Milano. Modello automatico disegnato da Alberto Rosselli.

La Pavoni, Milan. Automatic model designed by Alberto Rosselli.

bibliografia / bibliography

- Leonida Valerio, *Caffè e derivati,* Milano, Manuali Hoepli 1927
- H. E. Jacob, *Biografia del caffè*, Milano, Valentino Bompiani, 1936
- N. Bazzetta De Vemenia, *I caffè storici d'Italia da Torino a Napoli*, Milano, Casa Editrice Ceschina, 1939
- Carlo Aguglia, *Caffè e ristoranti storici d'Italia,* 1951
- *Forma*, "Domus", n.228, 1948, p. 50
- *Linea contro decorazione*, "Stile e industria", n.2, 1954, pp.26-27
- S. Rousseau Colzi, *Il caffè ecc.*, relazione tenuta al Rotary Club di Firenze, Firenze, 1954
- *Bando di Concorso Pavoni, Domus, Casabella, Stile e Industria,* "Stile e Industria", n.17, 1956, foglio allegato tra le pp.49-50
- *Una carrozzeria ad elementi*, "Stile e industria", n.12, 1957, pp.27-28
- G. Dorfles, *Il disegno industriale e la sua estetica*, Bologna, Cappelli Editore, 1963
- Ventennale Faema, Milano, 1965
- S. Giedion, *L'era della meccanizzazione*, Milano, Feltrinelli, 1967
- P. Fossati, *Il design in Italia 1945 – 1972*, Torino, Einaudi, 1972
- A. Castiglioni (intervista a), *"Il Corriere d'informazione"*, 28/02/1980
- Centrokappa, *Il design italiano degli anni Cinquanta*, Milano, IGIS, 1981
- V. Gregotti, *Il disegno del prodotto industriale*, Milano, Electa, 1982
- S. Capodici, C. Invernizzi, *Conoscere il caffè*, Garbagnate Milanese (MI), edizioni Eusebiaum, 1983
- M.C. Tonelli Michail, *Il design in Italia*, 1925 – 43, Bari, Laterza, 1987
- E. Frateili, Continuità e trasformazione. *Una storia del disegno industriale italiano 1928 – 1988*, Milano, Alberto Greco Editore, 1989
- H. Desmet-Grégoire, *Il caffè e i suoi oggetti*, Torino, Ulisse Edizioni, 1989
- Francesco e Riccardo Illy, *Dal caffè All'Espresso*, Mondadori, 1989
- E.&J. Bramah, *L'arte di fare il caffè*, Bergamo, Lucchetti editore, 1989
- A. Fumagalli, Macchine da caffè, Milano, BE-MA Editrice, 1990
- A. D'Orsi (a cura di), *Il caffè, ossia brevi e vari discorsi in area padana*, Milano, Silvana Editoriale, 1990
- A.A. V.V., *Storia del disegno industriale. 1919 – 1990 Il dominio del design*, Milano, Electa, 1991
- E. Martinelli (a cura di), *Caffè storia e ricette*, Sonda Edizioni, Torino, 1992
- Ian Bersten B.Com (Ecs), *Coffee Floats Tea Sinks,* Australia 1993
- Centro Studi Lavazza, *Guida al caffè*, Torino, Lavazza, 1994
- A.A. V.V., 45, 63 *Un museo del disegno industriale in Italia*, Milano, Abitare Segesta Cataloghi, 1995
- U. La Pietra, *Gio Ponti*, Milano, Rizzoli, 1995
- A. Del Sant, *Le caffettiere*, Legnano (MI), Gruppo Editoriale EdiCart, 1995
- Anty Pansera (a cura di), *L'anima dell'industria*, Milano, Skira editore, 1996
- L. F. Marsili, *Bevanda asiatica (trattatello sul caffè)*, Roma, Salerno Editrice, 1998
- A. Stella, *ABCdaire du cafè*, Flammarion, Paris, 1998
- A. Vantal, *Le cafè*, Editions du Chêne, Maisons Alfort (Paris), 1999
- Mauro Franco Bazzara, *Caffè Espresso*, Trieste, Edizioni 2000
- G. Bosono, F. Picchi, M. Strina, N. Zanardi, *Brevetti del design italiano,* Milano, Electa, 2000
- E. C. Kvetko, D. Congdon-Martin, *Coffee antiques*, Atglen (USA), Schiffer Publishing Ltd., 2000
- C. & P. Fiell, *Industrial design A – Z,* Koln (Germania), Taschen, 2000
- L. Conforti, *Al caffè con gli amici*, "Antiquariato", n. 239, 2001, p.157
- Andrei Brown-May, *Espresso*, Australia, Arcadia, 2001
- E. Maltoni, *Espressamente belle*, "Il curioso", n. 7, 2001, pp.50-53
- Roberto Ricci, *Io sono un caffè,* Roma, 2002
- Thomas Leeb, *Ingo Rogalla Kaffee Espresso Barista*, München, Tom Tom Verlag, 2002
- Steward Lee Allen, *La Tazzina del diavolo*, Feltrinelli 2002
- Luigi Odello, Carlo Odello, *Espresso Italiano Tasting,*Brescia 2002
- *Piacere Caffè*, Fo.S.A.N. Milano, 2002
- Movie Design for Corporete communication, *Cimbali Image*, Edizioni Poli. Design, 2003
- Luca Rancilio, *Rancilio e le sue macchine*, Milano 2003
- Alfredo Danesi, *Caffè Mito e Realtà*, Idea Libri, Dicembre 2003
- Alessandro Mendini, *Tea & Coffee Towers*, Electa 2003

Indice dei nomi / *index*

(documenti, fotografie e pubblicità alle pagine seguenti)
(documents, photographs and advertising at the following pages)

A.P.R.E.	47
Astoria	122, 123
Aurora	46, 142
Ausonia	131
Bezzera	24, 25, 38,39
Carimali	49
Dorio	55, 126, 127, 128, 129, 130
Elektra	98, 99, 100, 101
Eletta	45
Emi	110, 111
Eterna	43, 105
Eureka	124
Faema	80, 81, 82, 83, 84, 85, 86, 87, 88, 89, 143, 144, 145, 146, 147, 148, 149
Gaggia	60, 61, 62, 63, 64, 65, 90, 91, 92, 93, 94, 95, 120, 121
La Cimbali	58, 59, 70, 96, 97, 106, 150, 151
La Domenica del Corriere	72
La Idrotermica	42
La Marzocco	125, 132, 133, 134, 135
La Minerva	31
La Pavoni	26, 27, 66, 67, 68, 69, 78, 79, 107, 108, 109, 110, 111, 112, 113, 114, 115, 153
La San Marco (Romanut)	52, 53, 102, 103, 104
La Tarvisium	88, 89, 90, 91
Massocco	34
Officine Maffioletto	74
Rancilio	56, 57, 116, 117, 118, 119, 152
Record	141
Romanut	32, 33
Simonelli	54, 73, 75
Simplex	77
Snider	35, 36, 37
Torino Express	4, 71
Tortorelli	136, 137
Universal	44, 48
Victoria Arduino	28, 29, 30, 50, 51, 76, 102, 138, 139, 140

ringraziamenti / acknowledgements **159**

Lisa Ponti, Milano; Salvatore Licitra, Milano; Paolo Rosselli, Milano; Achille Castiglioni, Milano; ADI (Associazione per il Disegno Industriale), Milano; Archivio Gio Ponti, Milano; Archivio Alberto Rosselli, Milano; Mauro Lorenzi, Milano; Giuseppina Biella, Milano; Ufficio Brevetti "Ing. Barzanò e Zanardo", Milano; Ente Fiere di Parma, Parma; Umberto Luppi, Modena; Olinto Rossi, Modena; Giordano Dal Prato, Faenza; Mauro Carli, Cecina; Maurizio Giuli, Macerata; Lia Cortesi, Forlì; Federico Fregnan, Treviso; Fondazione Crastan, La Spezia; Massimo Cirulli, Bologna; Sandro Feliziani, Macerata; Federica Mangani, Forlì; Osteria Nobili, Frosinone; Patrick Blomeyer, Ginevra; Giorgio Cavallini, Vignola; Mario Modesto, Merano; Luca Venturelli, Brescia; Dorio, Udine; Sian, Forlì; Ambrogio Fumagalli, Milano; Galleria Modernariato, Milano; Elisa Maltoni, Forlimpopoli; Tinto Caffè, Forlì; Osteria Nascosta, Forlì; Spazio '900, Milano; Archeo Novecento, Mantova; Andrea Peperoni, Forlimpopoli; Tiziano Gironacci, Rimini; Nuova Cromatori, Forlì; Tecnicbar (Giovanni Cortesi, Vittorio e Pippo Bandini), Forlì; Denis Ruffilli, Ravenna; Monica Prati, Firenze; Francesco Careccia, Firenze; Giovanna De Felice, Firenze; Francesco Naldi, Firenze; Edoardo Gallina, Firenze; Giordano Dalprato, Faenza; Scooterworks, Londra; Comune di Forlimpopoli; Massimo Caroselli, Roma; Andrea Lanzoni, Ravenna; Stefano Granili, Ravenna; Torrefazione Nino Battista, Bari; Nuova Verniciatura Artigiana, Forlimpopoli; R.S.M., Forlimpopoli; Mauro Carli, Livorno; Stefano Pilotti, Forlì; Marco Baldassari, Forlì; August Caffè, Brescia; Bazzar Caffè, Dusseldorf; Wolfgang Hauck, Neckargemund; Andrea Laghi, Forlì; Sandro Porzioli, Rimini; Sandro Laghi, Forlimpopoli; Alberto Sabatini, Forlì; Maria Gabriella Michetti, Bari; Gaetano Maria Michetti, Bari; Juba Caffè, Bergamo; Piero Antonio Facco, Milano; Renato Giacomini, Gorizia; La San Marco, Gorizia; Nuova Simonelli, Macerata; Elektra, Treviso; Gaggia, Milano; La Cimbali, Milano; La Rancilio, Milano; Faema, Milano; Victoria Arduino, Macerata; La Pavoni, Milano, Bezzera, Milano; Marzocco, Firenze; Carimali, Bergamo; Astoria CMA, Treviso; Banca Popolare dell'Emilia Romagna, Forlimpopoli; Ancap, Verona; Fiera di Trieste; Lavazza.

Tutto il materiale pubblicato fa parte della Collezione e dell'Archivio Enrico Maltoni, Forlimpopoli, ad eccezione di quanto riprodotto alle seguenti pagine: 31, 32, 33, 48 (Collezione Umberto Luppi, Modena); 51 (Collezione Olinto Rossi, Modena); 69 (Archivio Gio Ponti, Milano); 54, 75 (Archivio Nuova Simonelli, Macerata); 102 (Archivio La San Marco, Gorizia); 98, 99, 100, 101 (Archivio Elektra, Treviso); 153 (Archivio Alberto Rosselli, Milano); 56, 57, 152 (Archivio Rancilio, Milano).

All the material herein published is property of the Collection and Archive of Enrico Maltoni, Forlimpopoli, except for the items on the following pages: 31, 32, 33, 48 (Umberto Luppi Collection, Modena); 51 (Olinto Rossi Collection, Modena); 69 (Archivio Gio Ponti , Milan); 54, 75 (Archivio Nuova Simonelli, Macerata); 102 (Archivio La San Marco, Gorizia); 98, 99, 100, 101 (Archivio Elektra, Treviso); 153 (Archivio Alberto Rosselli, Milan); 56, 57, 152 (Archivio Rancilio, Milano).